経営者を育てる アドラーの教え

WHAT MANAGEMENT CAN LEARN FROM ADLER'S TEACHING

岩井俊憲

IWAI TOSHINORI

致知出版社

経営者を育てるアドラーの教え＊目次

序章　令和時代の経営者に求められる四つの条件

自己変革をしない社長には社内の変革はできない……10
経営者にこそアドラー心理学が必要な三つの理由……14
恐怖・不信・軽蔑 → 尊敬・信頼・共感・協力の人間関係へ……17
経営者の意識と行動が変われば、会社は変わる……23

第一章　尊敬（リスペクト）

アドラー心理学で唱える尊敬の定義……32
アドラー心理学を用いた叱り方の二つのポイント……34
失敗をした人には必ず敗者復活のチャンスを与える……37
やる気を引き出すために行う内発的動機づけ……41
内発的動機づけの四つの要件……43
「仕事の上の人間関係は尊敬に基礎を置かなければならない」……46
経営者の嫉妬で最も多いのは、二代目の息子への嫉妬……51

経営者といえどもメンターが必要……53
配偶者は最も身近なメンターである……56

第二章　信頼（トラスト）

信用と信頼はどこが違うのか……64
経営者は耳学問の大家になれ……68
どちらが勝つ？　全力を出した四人組と
手抜きした八人組の綱引き……72
スタッフが牛耳り始めた会社はおかしくなる……76
イノベーションの生まれる原点……79
期待にはハシゴをかけろ……82
目標の基準はグ・タ・イ・テ・キに……86
目標と現実の乖離によってこそ、人間は努力し成長する……88
信頼は人間を前に進ませる大きな力……90

第三章 ― 共感（エンパシー）

共感とは、相手の目で見、相手の耳で聞き、相手の心で感じること……98
共感と同情の違いを理解する……102
相手を効果的に説得する五つのポイント……106
イノベーションの一番の抵抗勢力になるのは、社長自身？……111
五年後にあなたの名前をネットで検索したときにどうなっていたいか……115
社長の姿勢が変革のモデルにならなくてはいけない……118

第四章 ― 協力（コーポレーション）

経営者はスタッフを結合し、化学変化を起こす仕掛け人……126
何を持って生まれたかではなく、与えられたものをどう使いこなすか……131

困ったときは十のアイデアを出せ……134
フィードバックを受ける力と、フィードバックを求める力……137
ネガティブなフィードバックを歓迎する上司は必ず成長する……141
「何を求めているか」でモチベーションを上げる方法は違ってくる……146
原因追及のWHYではなく、協力のWHYを使う……150
社員の一人ひとりが、どうユニークなのかを見極める……153
感謝の見逃し三振はしてはいけない……154
国も会社も人も、あらゆるものはミッションから始まる……161

まとめ

生産性を高めるためには、人間性を復活させよう……167
異質な個性のぶつかり合い（異床同夢）が会社力を高める……171

あとがき

174

装　幀——秦　浩司
編集協力——柏木孝之

序　章

令和時代の経営者に求められる四つの条件

「自己変革なくして組織変革なし」。この言葉は、私がリーダーシップ研修でかなり力説する言葉です。私自身は、多くの経営者とコンサルティング、カウンセリング、研修を通じて組織変革は経営者自身の自己変革なくして成し遂げられないことを確信しています。

経営者は、言葉で伝える価値観だけでなく、行動で教える態度・雰囲気でも社員に影響を与えます。その点では「言行不一致」があると、社員の不信感を招くもとになります。

この章では、経営者が意識面、行動面で自己変革を通じて組織変革を果たすには、その方向を恐怖・不信・軽蔑の支配から「尊敬」「信頼」「共感」「協力」の四つの条件を備えた人間関係へと転換させることに迫っています。このことで会社は確実に変わっていきます。また、「尊敬」「信頼」「共感」「協力」のマインドがあると、ワンチームが形成しやすくなるし、一人ひとりの社員の勇気づけが可能になり、令和の時代にこそそれらがますます求められます。

併せて経営者にこそアドラー心理学が基本的な人間観構築のためにも訴求力を持つことをこの章ではお伝えしています。そのポイントは、次の三つです。

（1）経営者としての人間観の確立
（2）未来志向の視点を持つこと
（3）「勇気づけ」で組織を元気にすること

この本は、アドラー心理学の概論書ではありません。アドラー心理学の重要な概念を使いながら経営者に勇気と自信を与える本です。必ずや三つのポイントがあなたを変え、従来とは違った影響力を発揮させることのできる本だと信じています。

自己変革をしない社長には社内の変革はできない

私は十三年間のサラリーマン生活の中で総合企画室という部署に六年半いました。二十八歳で総合企画室課長に昇進、三十歳から二年間人事課長を兼務、株主総会、取締役会、部長会という主要三大会議にはすべて出席していました。私の立場は、社長の参謀役・秘書役であり、会社の事業計画の立案も担当しました。

私のいた会社はアメリカのＧＥ（ゼネラル・エレクトリック）と日本のトヨタ、デンソー、三井物産が出資する合弁会社だったため、総合企画室課長着任時は、戸田憲吾氏―やがて親会社の一つのデンソーの社長・会長に就任―のもと非常勤取締役として多くの経営者が経営に参画されていました。三井物産の常務から日本ユニシスの社長になった西川晃一郎さん、トヨタ自動車の副会長になった大島彊さん、光洋精工の社長になった坪井珍彦《うずひこ》さんといった方たちに接する機会に恵まれ、個人的にも近しい関係にありました。

そういう立場で社長のあり方というものを見てきて最も強く意識づけられたのは、**自己変革をしない社長には社内の変革はできない**ということでした。

私が最後に仕えた社長の時代にこんな出来事がありました。当時、経営が悪化して赤字に転落し、経費削減のために社長から課長までグリーン車は自粛するという申し合わせがなされました。ところが、社長が出張でグリーン車に乗っていたことが発覚しました。なんと社長が経理に交通費の精算を請求したのです。

経理課長が私のところにやってきて、「岩井さん、確か社内通達ではグリーン車には乗らないということだったよね」と言いました。私はすぐに社長のところへ行って「これはどういうことでしょうか」と問いただしました。すると社長は「疲れていたから」とかなんとか言い訳をしました。しかし、全員で申し合わせをしたことですから、どんな言い訳も成り立ちません。そこで「グリーン車に乗るのはいいですが、自腹で乗ってください。会社に請求するのはやめましょう」と社長を諭し、以後、グリーン車に乗ることをやめさせたのです。

このやり取りで社長に自覚がないことがわかったので、私は「社長、わが社は赤字会社でリストラを推進中なのですから、運転手を抱えてセンチュリーに乗って出勤している場合じゃないですよ。もうセンチュリーは売りとばしましょう」と提案をし、社長も泣く泣く同意しました。

そこまでしないと他の社員も本気になれません。サラリーマン気質というか、「社長もやっているのだからこのくらいいいじゃないか」と緩んでしまうのです。**社員は社長の背中をいつも見ています。社長は社内で最も人の監視を受ける立場にあります。**だから自ら襟《えり》を正さないと、「言葉と行動が違うじゃないか」と言われてしまいます。これは会社にとって一番の害悪です。

私は社長に近い立場にいたので、社員の愚痴が聞こえてくるたびに直言しました。

社長は、もともと親会社一つの会社の部長から出向し、常務、副社長を経て社長に就任した人で、社長業は初めてでした。経営のかじ取りの経験もありません。そこでパートナー企業であった日本GE社から人を招いて、GEの戦略事業計画について役員向けに講演してもらいました。また、社長のモデルが必要だと考えて、東京トヨペットで伝説の社長といわれた松浦さん、GEのリチャード・ダイク、トヨタ自動車の部長の三人を招き、半日ぐらいかけて社長と対談して、社長の心得を勉強してもらいました。そんなことを続けるうちに、だんだん社長らしくなっていきました。

私は〝On becoming a leader〟（リーダーになる）という言葉が好きです。リーダーに任じられたからリーダーになるわけではなく、職務を遂行しているうちに本物のリーダーになっていくのだと思うからです。社長に就任したからといって、その日から社長の仕事ができるわけではありません。その前は専務だったり副社長だったりするわけですから、本物の社長になるためには社長教育が必要なのです。

経営者にこそアドラー心理学が必要な三つの理由

私はその会社を退職したあとアドラー心理学を学び始めましたが、学ぶほどに「経営者にこそアドラー心理学が必要だ」という思いに到りました。なぜアドラー心理学が経営に役立つのでしょうか。それには大きく三つの理由があります。

第一の理由は、会社にはさまざまな個性を持つ人間が参加しているということです。会社を成長させるために、経営者はそうした人間の能力を正しく評価し、引き出していかなくてはいけません。そのためには「人間をどう見るか」という人間観が絶対に欠かせません。人間を肯定的に見るか否定的に見るかによって、その人の見え方は全く違ってきます。アドラー心理学では人間を肯定的に見ることを教えます。そして、そういう人間観に基づいて見れば、人間には無限の可能性があるのです。経営者がそうした人間観を持つことが会社を成長させるもとになると私は思っています。

　第二の理由は、アドラー心理学は、過去の原因は問わず、未来に向けて何ができるかを模索するものだということです。この考え方は会社の目的・目標を見るということにつながり、非常に未来志向です。過去の失敗を反省することはもちろん大切ですが、原因追及ばかりでは成長できません。これは人も会社も同じです。過去の反省を踏まえ、未来に向けて何ができるかを考える。過去の反省を会社を前進させる力になります。その点で、未来志向のアドラー心理学は経営に適していると言えるのです。

　第三の理由は、アドラー心理学のベースにある「勇気づけ」という考え方が組織を元気にするということです。実際に、アドラー心理学を学んだ経営者が非常に生き生きとして元気になるという例をたくさん見ています。経営に自信が持てるようになると同時に、人間の可能性を信じることによって「自分だけがひたすら頑張らなくても自分のチームの中に優れた人材がいる」ことに気づくようになります。この経営者の気づきが社内全体を活気づけることにつながります。社内コミュニケーションがよくなり、モチベーションが上がります。社員が「社長は変わった」と思うようになると、経営者のビジョンも浸透しやすくなるのです。

日本人はネガティブ探しが得意です。あそこが悪い、ここが悪い、親が悪い、周囲が悪いと欠点ばかり探しています。でも、意外に見落としているのは自分自身の可能性です。自分自身を見つめて自分の中にあるリソース（資源）・可能性を探してみると、意外にもたくさん見つかります。「自分は大したことない」と思っている人でも、自分で自分を振り返り、周囲の人に自分のいいところを言ってもらうなどして、それを自分自身にフィードバックすると、いろいろな可能性が見つかってきます。その結果、「そうか、自分にはこういういい面があるんだな」「今までの生き方は間違っていなかったな」と、自分を肯定的に見ることができるようになるのです。それが自信となって、可能性が開花していくのです。

ネガティブな面にばかり目を向けていると、そうした可能性を発揮できません。また、それを相手のニーズと結びつけることもできません。これは非常にもったいない話です。先に言ったようにアドラー心理学は人間を肯定的に見ようとしますから、一人ひとりの可能性を引き出すために非常に効果的なのです。

ただし、アドラー心理学が過去の原因を問わないと言っているのは、人間の行動についてです。経営手法について問題が生じれば、それは原因を探して是正する必要があります。もっとも原因探しするといくらでも出てきますし、どうでもいいような夾雑物も混じります。そういう点では、失敗の原因追及ばかり行うのは無意味ですし、とりわけ人間の行動に関してそれをやることは望ましくないのです。

恐怖・不信・軽蔑→尊敬・信頼・共感・協力の人間関係へ

平成が終わり、令和という新しい時代に入りました。私は令和の新しい兆しが三、四年頃に現れてくると予想しています。そのとき日本に大きな変革が起こると考えているのです。その兆しとはどういうものでしょうか。

私が何より平成の時代から卒業しなければならないと考えるのは、恐怖による支配です。恐怖によって人を操作しようとか、うまく動かなければ脅しを使えばいいといった動機づけがいまだに残っています。これらは尊敬ではなく不信に基づくものであり、信頼ではなく蔑視《べっし》に基づくものです。そういった恐怖・不信・軽蔑といったものから、尊敬・信頼・共感・協力といったものに基づく人間関係へと変わる時代の始まりが令和だと思うのです。

一九八九年の一月七日に昭和天皇が崩御《ほうぎょ》され、次の元号が平成と決まりました。昭和の終わりはバブル景気の最盛期でした。日本経済が世界ナンバーワンと言われた時代です。ところが、平成になった途端にバブルが弾け、失われた二十年あるいは三十年が始まることになりました。こうしてみると、平成というのは喪失の時代であり、昭和の遺産をすべて食い潰していった時代だったと思います。

そう考えると、平成が終わって新しく始まった令和は再構築の時代にしなくてはいけません。昭和の繁栄に戻ることはないでしょうが、平成の後始末はきっちりつけなければならないだろうと私は認識しています。

日本の労働生産性や一人当たりのGDPを見ると、バブルの頃は断トツの世界一位でした。それが今は相当ひどい状態になっています。一人当たりのGDPは世界二十六位（二〇一八年）、一人当たりの労働生産性はOECD加盟国三十六か国中二十一位（二〇一九年一二月、日本生産性本部調べ）まで落ち込み、主要先進七か国の中では最下位が続いています。

こうした面からも、令和は日本を再構築しなければならない時代だという認識を持ちたいのです。日本の現状は悪いと決めつけるでもなく、日本の伝統は世界に誇るべきという議論でもなく、両方をうまく調和させるべき時代が到来していると思います。

そのためには経営者にも経営マインドの再構築が求められます。そのためにアドラー心理学が役立つのです。

平成の遺物として、企業には「勇気くじき体質」というものが残っています。恐怖で動機づけたり、ネガティブなことばかり言ったり、過去の原因ばかり取り上げたり、人の話を聞かなかったり、細かいことを重箱の隅をつつくように取り上げたり、皮肉を言ったりというようなことです。これからは、これを「勇気づけ体質」にシフトさせなければいけません。つまり、尊敬と信頼で動機づけ、プラス思考で考え、未来志向で、大局を見て、ユーモアで対処するといったことが求められます。

平成の遺物は恐怖だと言いましたが、恐怖に対する反応として、FIGHT（戦う）、FLIGHT（逃げる）、FREEZE（凍りつく＝身動きが取れない）の三Fがあります。相手に恐怖を与えると、短期的には死に物狂いで頑張りますが、長くは続きません。結局、逃げるか凍りついて身動き取れないかのどちらかの反応になります。長期的に見れば弊害しかありません。

一時期、「地獄の特訓」というセミナーが流行《はや》りました。「地獄の特訓」のインストラクターをやっていた人に話を聞くと、特訓を終えてきた人は社内でも輝いているのだそうです。挨拶もハキハキして「この人、急に変わったな」と誰もが驚くのですが、

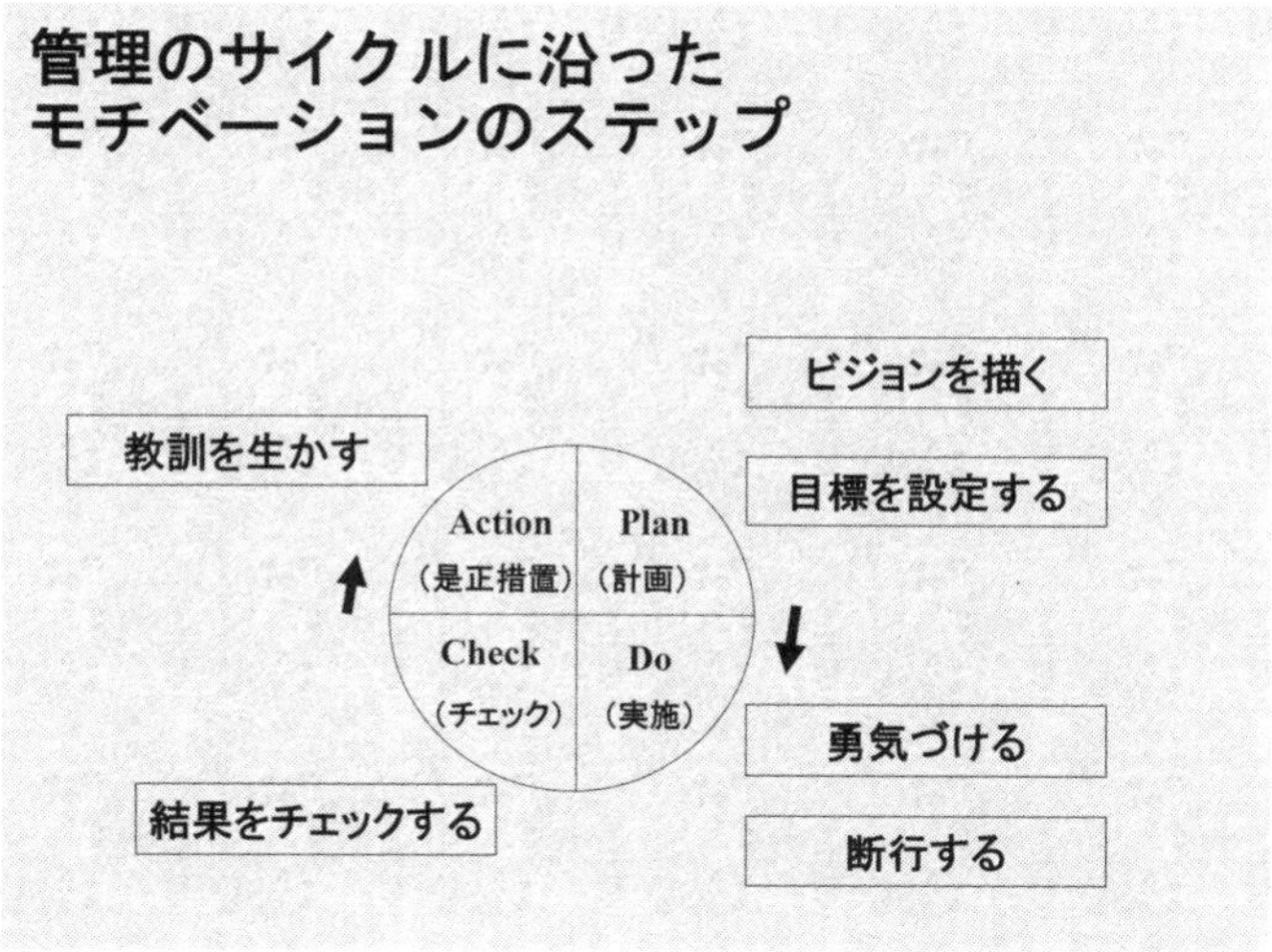

その効果は二週間しかもたない。そして、そのあとは前より悪くなるというのです。

社員を続々と「地獄の特訓」に送った経営者の話も聞いたことがありますが、絶えず送り続けて企業文化にしないと効果が出ないそうです。つまり、恐怖を使って管理・監督を強めて自分の分身をつくり、そういう人間を要所に配置しながらやっていくとうまくいく。要は「地獄の特訓」では自律心が育たないということです。

自律とはセルフコントロールの力です。具体的に言うと、自分でPlan（計画）、Do（実施）、Check（チェック）、Action（是正措置）ができるということです。『広辞苑』で「自律」を調べてみると、「自分で自分の行為を規制すること、外部からの制御を脱して、自分自身の立てた規範に従って行動すること」とあります。これはコントロールを排除することだと言っていいでしょう。だから、セルフコントロールの力こそが自律なのであって、Plan, Do, Check, Action サイクルに経営者が介入すれば、それは自律ではないのです。

つまり、自律的人材を育てることは恐怖ではなしえないということです。言われた通りに行動するコピー人間をつくることはできたとしても、自ら創造して計画から実践に向けて周囲と協力していく人材を育てることはできないのです。アドラー心理学では、**「恐怖には人と人を離反させる作用がある」**と見なします。これから始まる令和の時代は、恐怖に代わるものとして、相互尊敬・相互信頼にシフトチェンジする必要があると思うのです。

経営者の意識と行動が変われば、会社は変わる

アドラーは「**人間であることは劣等感を持つことである**」と言っています。これだけではピンとこないかもしれません。アドラーは、人間を単体の生き物として他の動物と比べれば絶対に弱者なのだ、というのです。たとえば、猛犬とプロレスラーを檻の中に入れて、両方素っ裸で武器を持たずに戦わせたら、強い爪と牙を持つ猛犬が絶対に勝つはずです。

では、そういう弱い人間がなぜ万物の霊長たりえたのか。それは「**弱者の自覚のもとに劣等感を持っていたから**」だとアドラーは言います。だから人間は群れをなし、群れの中で信頼を学び、信頼できる集団で狩りに出て協力しました。そうやって生き延びてきたのです。

自然界では弱い動物ほど群れをなします。魚もそうですし羊もそうでしょう。だか

ら、これらの集団を表すとき、英語ではfishesとかsheepsというような複数形にはしません。人間の集団をhumansと言わないのも同じです。

だから、人間にとって尊敬・信頼・共感・協力といった行為はもともと備わっている素養なのだとアドラーは考えました。**「われわれは他者と結びついて生きている。人間は、個人としては弱く限界があるので、一人では自分の目標を達成することはできない」**（『人生の意味の心理学 上』）のだと。

ところが、独善的な考えから恐怖や不信感を使ってコントロールしようとしたり競争を過度に煽ろうとすると、それが損なわれてしまいます。勇気をくじく経営者がやっているのは、人間が生き残ってきた原点を壊すことなのです。

そうした現象が昨今、次々に表面化してきています。たとえばスポーツ界ではパワハラやセクハラなどの事件が続々と報じられていますが、これは体育会系の中で先輩から植えつけられてきた恐怖による支配の残りかすと言っていいでしょう。

一方、ワールドカップで日本中が盛り上がったラグビーはまさに信頼・協力のスポーツであり、相手チームへの尊敬を具現化しているスポーツだと思います。日本に来たニュージーランドチームは日本人を真似てお辞儀までするようになりました。ラグビーのワンチームという意識は、実にアドラー的です。尊敬・信頼・共感・協力がなければ、決してワンチームは完成しないのです。

企業においても、パワハラ・セクハラによって社員が自殺するとかうつ病を発症するなどの事件が後を絶ちません。そうした企業に明るい未来はありません。恐怖による支配がいかに時代遅れであるかということを本書では明らかにしていきたいと思っています。

本来、経営者こそ率先して社員を勇気づけていかなければならないのです。権力を持てば持つほど影響力が大きくなるからです。経営者の意識と行動が変われば、会社は変わるのです。

今まで経営者のモデルとなってきたのは、カリスマ経営者でした。しかし最早カリスマ経営者は存在しえないのです。ソフトバンクグループの孫正義さんが大赤字を出して記者会見をしました。普通であれば、あれだけの赤字を出せば解任されてもしかたありません。しかし誰もやめろとは言いません。なぜならば、彼はカリスマではないからです。Twitterで繋がっている高校生と会ってしまうように、非常にフラットな人です。

カリスマというのは、マキャベリの『君主論』のモデルで、「愛されるよりも恐れられよ」という君主です。これがカリスマモデルです。しかし今の時代、カリスマモデルは通用しません。カリスマモデルであるためには、お金と情報という権力の源泉をすべて支配しなければなりませんが、サラリーマン経営者はお金を持っていませんし、情報はＩＴを使いこなす若手のほうがたくさん持っているかもしれません。

少なくとも検索能力は二十代に敵わないでしょう。若手社員はわからないことはすぐに検索しますが、ＩＴに疎い経営者は検索すらできません。パソコンを使わないと言った大臣がいましたが、この時代に通用するとは思えません。そういう点で、経営者がお金と情報といった支配のツールを持っているとは限らないのです。カリスマが存在しえないというのはそういう理由です。

仮に支配のツールを握っていたとすると、今度はそれをどう使うかが問われます。そのときに従来の経営者は「由《よ》らしむべし、知らしめるべからず」で、依存はさせるけれど情報開示はしないという経営スタイルをとっていました。しかし、現代の情報社会でこの考え方は通用しません。

ドラッカーは『未来企業――生き残る組織の条件』（上田淳生ほか訳、ダイヤモンド社）の中で「そもそもリーダーについての唯一の定義は〝フォロワー〟がいることである」と言っています。この〝フォロワー〟をただ単に「部下」と考えてはいけません。フォロワーとは「リーダーの影響力に協力してくれる人」です。そう見ると、リーダーとフォロワーの間に介在するべきものは恐怖ではなく信頼でなければいけません。信頼していない人に協力しようと思う人はいないからです。

ドラッカーがこの本を書いたのは一九七〇年代ですから、遅ればせながら時代が追いついてきたということかもしれません。

本書では、令和の時代の新しい経営者のあり方をアドラー心理学の「尊敬・信頼・共感・協力」という四つの考え方をベースに探っていきます。これからの世界に成長する企業となるために経営者に何が求められているのかを数々の事例とともにお伝えしていきたいと思います。

第一章

尊　敬
（リスペクト）

「尊敬（リスペクト）」という言葉は、経営において語られることはほとんどありません。しかし、パワハラ、セクハラ、モラハラなどのハラスメントの背後には、必ず「尊敬（リスペクト）」の欠如が潜んでいると私は思っています。つい感情のままに大声を上げてしまう、誰にも知られないと思ってつい対人関係上の不適切な振る舞いをしてしまう、などは「尊敬（リスペクト）」を忘れたところで起こっているのです。そして、

アドラー心理学では、この根源は「タテの関係」にあるとみなしています。

右に書いたような行動に走ってしまうのです。

組織においては、「上司・部下の関係など役割の違いはあるけれど、人間の尊厳においては違いがない」とみなしていて、よりよき人間関係構築について尊敬を次の章で学ぶ信頼と共に欠かせない要件だと捉えています。さらには、人材の育成などの援助的な関係においては前に「相互」を付けて「相互尊敬と相互信頼」としてこのマインドを育成しようとしています。

「相互尊敬と相互信頼は、アドラー派の援助的な関係――人の優劣は存在しないという平等の関係――に欠かせない要件である。心理的な動きを創り出す〈目標の〉方向に向けてお互いに協力しながら努力をしようとすると、カウンセリングを受ける人

（クライアント）が自分自身の人生に責任を感じるのである」（"Adlerian Counseling and Psychotherapy Second Edition", Don C. Dinkmeyer, Don C. Dinkmeyer Jr. and Len Sperry)

　引用文の「カウンセリングを受ける人（クライアント）」を「支援を受ける人」や「部下」としてみるとよりわかりいいかもしれません。「人の優劣は存在しないという平等の関係（すなわち「ヨコの関係」）」に基づく「相互尊敬と相互信頼」は、お互いの協力関係を作り上げつつ、部下が自分の仕事に責任を持って取り組めるようになる効果がある、と言えましょう。

　この第一章では、「尊敬（リスペクト）」の定義をしっかりと理解した上で、部下対応、部下のやる気の高め方、経営者自身のマインドの持ち方などをアドラー心理学の立場からお伝えします。

アドラー心理学で唱える尊敬の定義

尊敬を辞書で引くと「尊《たっと》び敬うこと」と書いてあります。「尊び敬う」というのは「下の者が上の者を」というニュアンスが含まれています。それを如実に表しているのが「仰げば尊し」という歌です。昔は卒業式で必ず歌われました。

この歌の出だしは「仰げば尊し 我が師の恩」です。下の者である生徒が上の者である先生に恩を感じて尊び敬う。これが日本人の「尊敬」の考え方なのです。そのため、日本ではどうしても尊敬は上下関係になっていきます。下の立場の者が上の立場の者を崇めるようなニュアンスがあります。

アドラーの唱える尊敬の意味はちょっと違います。尊敬に相当する英語はrespectですが、これは「re + spect」という意味です。接頭辞のreには「戻って」「もう一度」「距離を置いて」という三つの意味があります。「距離を置いて」のreはリモートコントロールの re です。spect は watch, look という意味です。つまり、「もう一度立ち戻って、距離を置いて、見つめ直す」というのが respect の本来の意味なのです。

ここには上下という概念がありません。だから、夫妻にしても親子にしても、必要なのはリスペクトなのです。

そこで私は尊敬（リスペクト）を次のように定義したいのです。

「人それぞれに年齢・性別・職業・役割・趣味などの違いがあるが、人間の尊厳に関しては違いがないことを受け入れ、礼節をもって接する態度」

人それぞれ違いはありますし、たまたま役割の上下はあるかもしれません。しかし、尊厳の違いはないのです。結婚して子どもがいても、妻も子どもも自分の下にあるわけではありません。

そういう見方をしたときに、人間の尊厳というのは、「立場が上の人だから」「有名人だから」とか「お金を持っているから」などとは全く関係ないことがわかってきます。誰もが無限大の尊厳を持つ存在だということを受け入れて、礼節をもって接する態度がリスペクトなのです。

リスペクトという言葉は、芸能人やスポーツ選手が盛んに使っています。よく「僕は○○選手をリスペクトしています」と言うのを耳にします。「尊敬しています」と言うと仰々しく感じますが、「リスペクトしています」なら簡単に口にできそうです。尊敬とリスペクトにはそんなニュアンスの違いがあるように思います。だから私は、尊敬という言葉を使うときはカッコしてリスペクトと入れておきたいのです。

アドラー心理学を用いた叱り方の二つのポイント

経営者の中には非常に怒りっぽい人がいます。また表立って怒らなくても、「どうしてこんなことができないんだ」と心の中で思っている人は多いと思います。こうした怒りというものと相手への尊敬（リスペクト）をどう関係づけていけばいいのでしょうか。

私は怒りというものが一〇〇パーセント悪いとは思いません。怒りがモチベーションの力となり得る場合があるからです。ただ、怒りによって人を傷つけたり、自分の健康を害するような破壊的な作用をもたらす場合は気をつけなくてはなりません。

私は「怒りの目的を知ろうじゃないか」と言っています。怒りの目的の一つは、「自分の思い通りにしたい」という支配欲です。もう一つは、「主導権争いで優位に立つ」ことです。さらに自分の権利が侵されそうになったとき、反撃するために怒りが使われることもあります。こうした目的があることを知れば、むやみに怒る必要はなくなるのではないかと思うのです。

また怒りの底には「一次感情」といって、相手の行動に対する寂しさとか失望とか不安といった感情が隠れています。だから、怒りが湧いてきたときには、それをそのまま相手にぶつけるのではなくて、「君の行動を見ていると、ちょっと寂しい思いがするんだ」「ちょっとその考え方は違うんじゃないかな、がっかり感があるな」「あなたの仕事のやり方を見ていると、若干の不安を感じるんだ」というような言い方にすると、相手も強く反発してこないはずです。

このとき怒りのままに「お前、ふざけるな、何やってるんだ！」と言うと、相手も「それなら私だって言わせてもらいます！」と反発するか、直接言葉にしないまでも心の中で不満を募らせることになるでしょう。怒りは主導権争いを呼びます。だから怒りを怒りとしてぶつけるのではなく、心理的な表現をするのです。そうやって怒りをコントロールすることが大事です。

私は叱り方のポイントは二つあると考えています。

一つは**「怒りを随伴させない」**こと。ちょっと軌道が逸れているときに、「こちらの軌道に戻ったほうがいいんじゃないかな」と叱る。

二つめは**「期待を示す」**こと。「あなたにはこういう期待をしてたんだよ。でも、期待に応えきっていないよ」と叱る。

どちらも「原点に戻る」ために現状の是正を図ることが目的です。言葉を荒らげて、

「お前は人間的に問題がある」と相手を否定することが怒りの目的となってはいけないのです。

その意味で、私は「叱り方」という表現はあまり好きではありません。「注意の与え方」と言いたいのです。注意を与えるためには、相手を脅したり、むやみに怒ったりして、相手の尊厳を傷つける必要は全くありません。

失敗をした人には必ず敗者復活のチャンスを与える

では、注意の与え方はどのようにするのがいいでしょうか。まず、注意を与える目的には次の三つがあることを確認しておきましょう。

1．相手の不適切な習慣や行動を改めさせる

2．相手を一段上のレベルに成長させる

3. やる気がない人にやる気を起こさせる

つまり、注意というのは相手に期待を伝えることでやる気を喚起し、本来の力を引き出すために行うものなのです。その結果として、相手との相互信頼も高めることができるようになります。

だから、不祥事でも不都合なことでも、報告してもらったら相手にまず感謝を伝えます。「よくぞ言ってくれたね。勇気がいっただろう」というところから始めて、具体的な内容に入っていくようにします。そのときに、「何をしているんだ、そんなことをやって」と怒れば、相手は「とんでもない迷惑をかけてしまった」と委縮してしまい、それ以上何も言えなくなります。それでは相互信頼も築けません。

同じ注意をするにしても、相手に期待を伝える注意の与え方というものがあります。たとえば、相手の言動に対して注意を与えるならば「あなたは教えたこととは違うことをやっているね」「それは集団の秩序に反しているのではないか」「君らしくないことをやっているんじゃないか」「少し手を抜いているように見えるが……」といった言い方をします。

また、現状を打破するために注意を与えるのならば、「君にはもっと高い目標にチャレンジしてほしいんだ」「あなたはこのレベルに甘んじる人じゃないと思う」といった言い方をします。これらはいずれも、相手に期待していることを前提とした注意の与え方です。

とりわけ強調したいのは、相手がいつもと違うことをやって失敗したときの注意のしかたです。そういうときは、まず「それにはどういう意図があったのかな？」と質問をします。そして、相手の話を聴いたあとで「そのことに今後もう一回チャレンジするとしたらどうしたらいいだろう」と尋ねて、失敗の再発防止に向けてのトレーニングとします。

注意をするときは原則として一対一で行いますが、個人の失敗や不始末でもオープンにしようという環境が組織内に整っているならば、本人の同意を取り付けたのち、集団の中で話してもかまわないでしょう。むしろ失敗を共有することがみんなの学びの機会になります。同様に、注意を与えられる側の人間が精神的にタフであること、注意を与える側の人間が信頼されていること、事後に適切なフォローをすることなどの条件が整っていれば、集団の中で注意を与えることは悪くありません。

これとは逆に、マイナスになってしまう注意の与え方もあります。たとえば、本人の了解を得ていないのにみんなの前で叱る、一部を誇張して感情的に叱る、人格を否定するようなことを言う、叱った上に罰を与える、再チャレンジのチャンスを与えないなどです。特によくないのは人格に言及することです。これは絶対にやってはいけません。あくまでも、「今回のこの行動のどこがよくなかった」と行動レベルで話すべきです。

そして失敗をした人には必ず敗者復活のチャンスを与えることです。過去にしくじって降格された人にも、もう一回チャレンジの機会を与えるというのが望ましい組織のあり方だと思います。失敗したら終わりというのでは、積極的にチャレンジする人は誰もいなくなってしまいます。

やる気を引き出すために行う内発的動機づけ

相手のやる気を引き出すための動機づけには、外発的動機づけと内発的動機づけの二つがあります。読んで字のごとく、外発的動機づけとは、やる気になるような動機を外から提供するもので、内発的動機づけとは、やる気が内から湧き出てくるように仕向けるものです。

内発的動機づけのほうが自発的でいいように思えますが、外発的動機づけが有効な場合もあります。たとえば、短期的な勝負でやらざるを得ないような場合には賞罰が効きます。「うまくいったらこんな褒賞があるよ」と金銭を用いるとか、「しくじったら大変だからな」と脅してモチベーションを上げるというのが外発的動機づけですが、こういうことも多少はあっていいと思います。それから、単純作業を繰り返すような仕事の場合は、自発的というよりルーティンワークとしていかに数をこなすかが大切になりますから、金銭や競争による外発的動機づけは効果があるでしょう。

ただし、それ以外の長期的な取り組みが必要な場合、そして意識の高い人に対しては、圧倒的に内発的動機づけが有効です。

と言うと反論があります。たとえば、小さな子には内発的動機づけの気持ちはないだろうから外発的動機づけが必要だろうと言われたりするのですが、そんなことはありません。私の孫娘が一歳ぐらいのときですが、立ち上がろうとしては転んでいました。しかし、いくら転んでも諦めないのです。そのときに「できたらご褒美をあげるよ」といったようなことは一切言っていませんし、「どうしてできないの」と叱ることもありませんでした。彼女は自分の好き勝手にやっているのです。これは内発的動機づけによる心の働きです。そうした働きが、本来、人間には備わっているのです。

そう考えると、今は家庭教育でも学校教育でも企業の教育でも、あまりにも外発的動機づけをしすぎます。アメとムチを使いすぎるのです。だからおかしくなっているのではないかということも言えると思います。アメとムチに慣れてしまうと、人間というものは「今度はどんな飴をくれるかな」と甘えたり、「どんな罰が待っているだろう」と恐れたりするようになります。その結果、外からコントロールされるままにしか動かなくなります。

もっと内発的な人間としてのあり方に立ち返るべきだと思うのです。無理に押しつけなくても、必要に応じて人間は自分から動き出すものなのですから。

内発的動機づけの四つの要件

では、何が内発的動機づけの要件になるのでしょうか。

第一の要件は、自律性への欲求です。これはセルフコントロールの力です。先にも言ったように、Plan, Do, Check, Action のサイクルに経営者がいちいち介入してきたら面倒でしかたありません。理念がしっかりしていれば、外発的動機づけはなくていいのです。そういう点で、経営者はＰＤＣＡサイクルに干渉するのではなく、たまに報（報告）・連（連絡）・相（相談）する程度にしておいて、社員に自己決定させて自ら成し遂げるようにさせる。それが内発力を引き出す方法だと思います。

第二の要件は、有能さへの欲求です。これは進歩・成長できたことが自分で測れるということ。「以前に比べて確かにこういうことができるようになったな」というように自分の成長が確認できて、それが認められることが喜びとなり、内発的動機づけになります。

第三の要件は、関係性の欲求です。社会学では、共同体（ゲマインシャフト）と機能体（ゲゼルシャフト）という言い方があります。共同体では人間性を重視し、機能体では生産性を重視します。ここで言う関係性の欲求とは、人間性と生産性が両輪になって、生産性を高めるために人間性をうまく使えるような所属集団への帰属意識を表します。周囲の人たち・仲間と温かい人間関係を持ちたいという欲求です。温かい人間関係というのは、尊敬・信頼・共感・協力といった中で築かれるものなのです。

ラグビーの日本チームのメンバーは、ワールドカップの予選を勝ち抜いてベスト8にまで進むという目標のもとに結合された集団です。だから、ワールドカップが終わったところで「これからはみんなライバルになります」と言っていました。ここで注意したいのは、チームとグループは違うということです。グループは単なる寄せ集めですが、チームには目標があります。その目標に向かって全員が協力できることがチームの条件です。目標のない仲良しグループはチームにはなりえないのです。

特に今回の日本チームでは、選手として出なかった人の活躍ぶりが絶賛されました。たとえば、選手に飲み物を運ぶウォーターボーイは伝令の役割を果たしていたそうです。ゲームにおける役割はそれぞれ違っていても、ベスト8に向かって協力し合うという関係性の中に全員がいたわけです。まさにワンチームになっていました。

第四の要件は、エキサイトメントへの欲求です。そこに我を忘れるような楽しみや喜びがあるかどうか。仕事をつまらなくするような条件はいくらでもあります。細かな指示・命令もそうだし、責任を負わせない、権限を与えないというのもそうだと思います。逆に、自分に権限が与えられ、自ら考え、自らの責任のもとに仕事をすることは面白いし、やりがいがあります。こうしたやりがいが内発的動機づけとなるのです。

以上のように、内発的動機づけの要件には四つあるのですが、この四つの要件はそれぞれ別個にあるものではなく、それぞれ関連し、つながっているものです。

「仕事の上の人間関係は尊敬に基礎を置かなければならない」

中村天風《てんぷう》の弟子で合気道神明塾の塾頭を務めた佐々木の将人《まさんど》という方がおられました。この方が書いた本の中に「送り七分」という言葉が出てきます。人をお迎えするときとお送りするときには、十のうちの七は送るほうに気持ちを傾けましょうという意味の言葉です。

迎えるときよりも送るときに精力を傾けるというのは尊敬の表れです。これは、カ

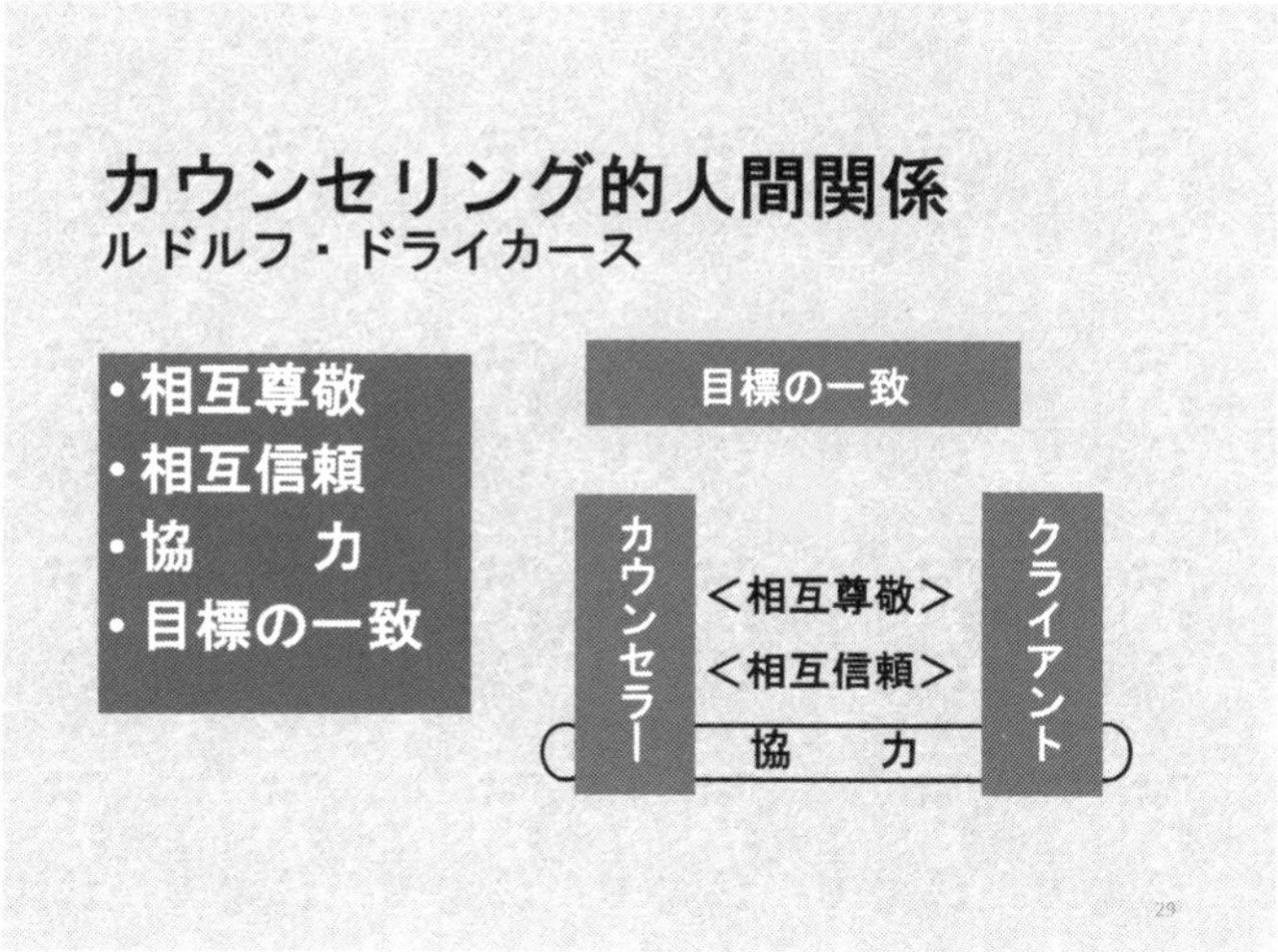

ウンセリングについても、人間関係についても言えますが、見送るときは迎えるときよりも丁寧にする。相手と五分五分ではなく、相手よりも丁寧に見送る。それを自ら率先して実践する。これが相互尊敬・相互信頼を生むのです。そういう点で、尊敬と信頼はワンセットになっていて、より良き人間関係のために欠かせないものです。

こうした考え方をアドラー心理学ではカウンセリング的人間関係と呼びます。これはルドルフ・ドライカースというアドラーの弟子が強く訴えているのですが、カウンセラーがクライアントと良き人間関係をつくるためには、「相互尊敬・相互信頼・協力・目標の一致」がなくてはいけないというのです。そして、カウンセラーのほうから先にクライアントに対してより多くの尊敬・信頼の態度を示す。それにプラスして、クライアントと目標の合意をすることが重要だというわけです。

カウンセリングとは、ただクライアントの話を聞くだけではありません。カウンセラーは最初に「今日のカウンセリングではどういうことを解決したいですか？」とクライアントに聞いて、目標を一致させたうえで協力的な営みをします。これはカウンセリングにとどまらず、あらゆる人間関係のベースになります。良き家族も相互尊敬・相互信頼・協力・目標の一致が伴うでしょうし、職場でもクラスでも求められることだと思います。これを反対側から見ると、人間関係がうまくいかないのは尊敬や信頼が一方通行で、相互になっていないからです。

だから、会社であれば、経営者こそまず先に、社員に対してより多くの尊敬・信頼の態度を示すことが求められるのです。「俺を尊敬しろ、俺を信頼しろ」というのはカリスマ的経営者のやることとです。ここには恐怖を伴っています。だから、なかなか社員から信頼してもらえる経営者にはなれないのです。

アドラーは**「われわれが反対しなければならないのは、自分自身への関心だけで動く人である。この態度は、個人と集団の進歩にとって、考えられるもっとも大きな障害である。どんなものであれ、人間の能力が発達するのは、仲間の人間に関心を持つことによってだけである」**（『人生の意味の心理学 下』）と言っていますが、社長と社員が相互尊敬・相互信頼の関係にならないと、令和の経営は決してうまくいかないでしょう。そして、そのような関係に変えていくためには、何よりも社長の自己変革が求められるのです。

もちろん、相互といっても役割の違いがありますし、責任の重さも違います。すべてがフィフティ・フィフティというわけではありません。当然、地位の重さに伴った権限というのもあるでしょう。だからといって恐怖を伴う関係ではいけない。組織を成長させようと思うのなら、人間の尊厳に対する敬意は絶対に必要です。

ドラッカーは**「仕事の上の人間関係は尊敬に基礎を置かなければならない。これに対し心理的支配は、根本において人をばかにしている」**(『マネジメント［エッセンシャル版］』第3章「仕事と人間」)と言っています。要するに、仕事上の人間関係はアメとムチという恐怖を伴うようなカリスマ経営者的なものではなく、尊敬に基礎を置かなければならないのだと言うのです。

この心理的支配とは、環境を整えれば人は働くだろうという発想です。これはアメとムチと変わりません。だから、「根本において人をばかにしている」と言っているのです。人を自律的に行動させるには、尊敬に基礎を置く必要があります。ドラッカーはアドラーと同じことを言っているわけです。

相互尊敬・相互信頼——これが令和的な人間関係のモデルになると私は考えています。

経営者の嫉妬で最も多いのは、二代目の息子への嫉妬

アドラー心理学では「感情には目的がある」と考えます。先に述べたように、怒りの感情にも目的があります。そういう感情は排除するべきだと考えるかもしれませんが、それは何らかのサインとして必要なものなのです。自分はどうしてこんなに焦っているのだろうかと不安を感じれば、それに対処しようと備えますが、怒りの感情もそういうサインであり、必要なシグナルなのです。

特に**経営者は自分の感情と真摯に向き合わなくてはいけません**。自分はなぜ今、漠然とした不安を感じているのだろうか、なぜこんなに部下に対してやきもちを焼いているのだろうか、と感情を客観的に見る必要があります。

経営者の嫉妬というのは結構あります。一番多いのは、創業社長が二代目の息子に嫉妬するケースです。息子が社長になった最初の頃は「いろいろ教えてやろう」とい

う心の余裕がありますが、二代目が少しずつ力を発揮するようになると排除したくなるのです。タナベ経営の若松孝彦社長によれば、仮に二人の男の子がいるとすると、長男は母親に似るそうです。すると、妻と関係が悪い社長であれば長男を疎ましく思い、次男を可愛がるようになります。長男と次男が争ったときには、次男に助け船を出してしまうという経営者が多いようです。

嫉妬の二つ目の理由は学歴です。大体において後継者のほうが創業者よりも学歴が高い場合が多いのです。そうすると創業者は、後継者が自分にない知識や人脈を持っていることに嫉妬して、後継者を遠ざけようとします。

こうした嫉妬の源にあるのは、創業経営者が後継者に対して尊敬や信頼を抱いていないことです。このような場合は、自分が息子に対してぎくしゃくした気持ちを持っていないかどうかを点検してみたらいいと思います。それが嫉妬の感情を確かめるためのサインになります。なぜならば、自分にないものを持っていることに対する陰性感情が嫉妬の本質だからです。

そういう感情がある限り、経営はうまくいきません。アドラーは言います。「**嫉妬は他の人をけなし、非難などをするのに役立つだろう。しかし、すべては他の人から自由を奪い、呪縛、拘束するための手段である**」（『性格の心理学』）と。だから、後継者に対する嫉妬があったとしても、その感情をコントロールしなくてはいけません。相手を一人の人間として尊敬・信頼し、自分の創業した会社を伸ばしてくれる存在として認識する必要があります。そのために、感情を自分のパートナーにするということが大事なのです。

経営者といえどもメンターが必要

嫉妬心もそうですが、経営をしていると経営者が原理原則から外れることがあります。そこで軌道修正できないと事業が立ち行かなくなるケースもあります。そんなとき、役に立つのがメンター（良き助言者、指導者）の存在です。私は、経営者といえどもメンターが必要だと思います。「社長、道から外れていますよ」と直言してくれるような側近あるいはパーソナルアドバイザーを持つべきだと思うのです。

たとえば松下幸之助さんは真言宗の僧侶と親しくしていて、ときどき京都のお寺へ相談に行っていました。そのお坊さんをメンターにしていたわけです。私にもジョセフ・ペルグリーノ（モントリオール個人心理学研究所 理事長）という恩師がいます。アドラー心理学に行き詰まったときは「ペルグリーノ博士ならどう見るか、どういう教えをするか」と考えて、それを自分自身にフィードバックして活用しています。

メンターは実在する人物に限りません。古今東西の偉人をメンターにしてもかまいません。要するに、自分が判断に迷ったとき、「この人に相談しよう」「この人ならどう言うだろうか」と、その意見や考え方を頼りにできる存在を身近に置くことなのです。それによって、自分軸だけではなくて、他の人の視点から現状を冷静に見ることができるようになるのです。

私には今でも忘れられない思い出があります。わが社の業績がひどく落ち込んだ時期の話です。私は大学時代の友人の公認会計士に経理を見てもらっていたのですが、ある日、彼が苦い顔で私に言いました。「おい、岩井。経営というのは遊びじゃないぞ。だが、お前の動きを見ていると遊びにしか見えない。勘違いするなよ」と。みんなのいる目の前で叱られたので、かなり堪えました。

同じ頃、私の講演にサラリーマン時代の上司が来てくれました。講演が終わって二人で飲みに行きました。その席で元上司は私に「今日の話は面白かった。ところで、経営のほうはどうなの」と聞きました。私は「今はちょっと悪くて赤字なんです」と正直に答えました。するとその人は居住まいを正して私を叱りました。「岩井さん、決算は経営者の通信簿だよ。経営をしっかりしているという裏づけを持ったときに、あなたの話は迫力が出るんだ。赤字を出しているのに借りものの理論で話をするなよ」と。経営を立派に育て上げたときに初めて発言に重みが出るんだという言葉に、背筋が伸びました。

この公認会計士の友人と元上司の言葉は決して忘れられません。他人の目で見ると物事が多面的に見えてくるということを教えてもらいました。彼らは間違いなく私にとってのメンターでした。

配偶者は最も身近なメンターである

それからもう一人、重要なメンターがいます。それは配偶者です。糟糠《そうこう》の妻というのは、時として糠《ぬか》みそ臭く感じることもありますが、そんな年月を経た妻の言葉だからこそ重みがあるのです。

会社が赤字だったとき、私は会社存続のために使える手段をすべて使いました。生命保険をもとに借り入れもしましたし、カードローンはフルに使いました。そんなふうにしてなんとか切り盛りしているとき、妻に「まだ足りないんだ。二百万なんとかならないか」と借金を頼んだことがあります。すると、結婚して何十年もノーを言わなかった妻が、そのとき初めて「ダメです」と言いました。「私が貸したらあなたはまた次も同じことを言ってくるでしょう。貸すだけのお金はあります。だけど、貸してしまうとあなたは甘えるでしょう。だから、ここはノーと言わせて頂戴」と言うのです。

このときは本当に参りました。最終的には切り抜けることができたのですが、あの一言は心に突き刺さりました。

妻は、夫のちょっとした顔色の変化とか体臭の変化とか、細かなところまで観察しています。少しでも異変を感じると、「あなた、ちょっと変よ。お医者さんに行って治療しなさい」「顔色が悪いよ。少し休んだほうがいいと思う」というように注意を喚起してくれます。身近な人でないと、なかなかそこまでは言ってくれません。だから男性経営者は妻を、女性経営者ならば夫をメンターとして採り入れてほしいのです。

いずれにしても経営者にとって大事なのは、よき参謀に恵まれることです。中小企業などで社内に参謀を得られないならば、社外参謀でもコンサルタントでもかまいません。メンター的な役割をあわせ持つ参謀をつけることです。

周囲にいる誰も耳の痛いことを言わず、経営者が自分自身へのフィードバックから遠ざかった存在になったとき、会社は危機を迎えます。自分に都合のいいことを言ってくれる人も時には必要です。それによって自信が湧いてくるからです。ただ、そういう人ばかりでは困ります。だから、あえて苦い発言をしてくれる人を一人選んで、身近に置くことをお勧めしたいのです。

特に参謀には、もう一つ大きな役割があります。それは、語り部として経営者の実像を社員に伝えるということです。「みんなに見えている社長の姿はこうだけれども、陰ではこういうご苦労もあったのです」「社長はこんな想いを抱いて創業したんだ」「将来に向けて、こんな夢を見ているんです」といったように、公に語られていないことを社長に代わって語るのが参謀の役割です。逆に言うと、経営者は参謀を語り部としてしっかり機能させることが大事なのです。

語り部は経営者にとっては実にありがたい存在です。そういうありがたい存在をいかにしてつくり上げるか。その構築に必要なのは、やはり相互尊敬と相互信頼です。**「われわれのまわりには他者がいる。そしてわれわれは他者と結びついて生きている。人間は、個人としては弱く限界があるので、一人では自分の目標を達成することはできない」**（『人生の意味の心理学 上』）というアドラーの言葉をかみしめたいと思うのです。

第二章

信　頼
（トラスト）

第一章のリードにも書いたように「尊敬（リスペクト）」は「信頼（トラスト）」と共に「相互尊敬と相互信頼」としてお互いの協力関係を作り上げつつ、部下が自分の仕事に責任を持って取り組めるようになる効果が高いマインドです。

この章では「信頼」は、ビジネスで重視され、生産性の軸において重視される「信用」と相まって、人を育て組織を活性化するために欠かせない人間性の軸であることを述べます。

経営者にとって信頼をスタートさせるのに大切なことは、自分の理念やビジョンを述べるだけでなく、それと同じくらいの熱意で聴き上手に徹することこそ信頼の風土づくりのために必要です

さらには、信頼を基盤にして、経営者が「どこに向かって」の目標よりも上位に置いた「何のために」の目的から理念、ミッション、価値観、ビジョンなどを明らかにしながら、社員に期待を伝えることによって協力的な組織風土が、組織の一人ひとりの構成員のパフォーマンスを最大化し、企業のイノベーションにも結び付いていきます。

ところで、「信頼」は、「勇気づけの心理学」と呼ばれるアドラー心理学にとって、

「勇気づけ」に強い影響を与えるマインドであることにも触れておきます。

私が一九九九年から師事するジョセフ・ペルグリーノ博士（モントリオール個人心理学研究所理事長）は、日本で何度か指導されている「勇気づけワークショップ」で信頼から始める「雪だるま効果」としてこんな言葉を残しています。

「信頼が勇気にエネルギーを与え、勇気が希望を育み、希望が信念を創造し、信念が行動を生み出す」

信頼から始まったこぶし大の雪の塊が坂をころころと転がるうちに勇気というより大きな塊になり、希望に包まれ、信念を強化し、その結果がイノベーションに結び付く行動を生み出す、と捉えることができます。

ここで、核となるのは信頼です。経営者の信頼が「困難を克服する活力」である勇気にエネルギーをより高め、やがて目に見えるかたちで活発な行動が組織内に展開されるのです。

そう考えてみると、組織の活性化は、経営者であるあなたの信頼から始まるのです。

「信用」と「信頼」の違い）

信　　用	信　　頼
Credit（クレジット）	Trust（トラスト）
1．相手の悪意の可能性を見極め、しっかりとした裏づけをもとに信じること（条件付き） 2．ビジネス用語 3．生産性の原理に基づく	1．常に相手の行動の背後にある善意を見つけようとし、根拠を求めずに信じること（無条件） 2．人間関係用語 3．人間性の原理に基づく

信用と信頼はどこが違うのか

組織の中には二つの原理が存在します。生産性の原理と人間性の原理です。このうち生産性の原理は「信用」によって測られます。一方、人間性の原理は「信頼」によって実現できるものです。

信用（credit）と信頼（trust）はどこが違うのでしょうか。アドラー心理学では、信用とは「相手の悪意の可能性を見極め、しっかりとした裏付けをもとに信じること」であり、信頼とは「常に相手の行動の

組織における生産性と人間性の折り合い

	生産性	人間性
人格	組織人格	個人人格
期待	役割	存在
評価	重視	軽視
関係	タテ	ヨコ
タスク	仕事	交友
組織	公式	非公式
関係	信用（契約、条件付き）	信頼（無条件）
重視	競争（結果）	協力（プロセス）
視野	短期	長期

背景にある善意を見つけようとし、根拠を求めずに信じること」と定義されます。つまり、**信用とは条件つきで信じることであり、信頼とは無条件に信じること**なのです。

たとえば、お客様との関係は信用取引です。また、上司と部下という縦関係の中で行われる評価にも、「どれだけの成果を挙げたか」というような生産性を物差しにして測る信用の部分があります。これに対して、本当に信じ込んだのならば若干のチェックはするとしても原則的に相手に任せきる。これが信頼です。

私は、組織には生産性と人間性の両方が

必要だと思います。特に短期的な視点で見れば、競争は必要なものです。また、長期的な視点で見たときには信頼が絶対に必要になります。だから、信用と信頼は両方とも必要だということになるのです。

ただ、今までの日本企業はあまりにも生産性に偏りすぎていました。競争を煽ることによって短期的な成果を求めようとしてきました。しかし、前章でも述べたように、恐怖によって社員のモチベーションを上げるような手法は長続きしません。そうしたやり方から相互尊敬・相互信頼に基づくモチベーションに移行しなければ、会社は遅かれ早かれ行き詰まることになるでしょう。そうならないためにも、人間性の原理を取り戻す必要があるのです。それによって生産性も高まると私は信じて疑いません。

こういう見方をベースにしたうえで、先ほどの話に戻ると、人と良い関係を築き、人を育てるという観点から見ると、相手に対する信頼が絶対に必要です。相手の行動の一つひとつを評価するのではなく、相手の人間性を無条件に信じるところから相互信頼が生まれるからです。

今の日本企業において相手を信用するためのトレーニングは特に必要ないと思います。しかし、相手を信頼するトレーニングは全く不足しています。では、信頼のトレーニングとはどういうものでしょうか。これは人間関係の原点に立ち戻って、「本当に自分はこの人を信頼しているのか」と自らに問いかけることです。また、「逆の立場だったらどうだろうか」と問いかけるのです。

アドラーは言います。**「結局のところ、われわれには、対人関係の問題以外の問題はないように見える。そして、これらの問題は、われわれが他者に関心を持っている時にだけ、解決できるのである」**（『人生の意味の心理学 下』）と。相手に関心を持つことで信頼を形成し、そのことによって、多くの問題は解決すると言っているのです。

そのために、たとえば「自分のやっていることは大切な人の信頼を裏切っていないだろうか」というように、信頼をキーワードにして自らの行為を鏡に映して照らし合わせていく。このトレーニングが必要だと思います。最初は「あなたは妻を信頼しているか」「あなたは子どもを信頼しているか」という身近なところから始めるのもいいでしょう。その範囲をだんだん広げていって「あなたは社員を信頼しているか」となったときに、相手に対する不平不満や批判が出てくるようであれば、まだ信頼が足りていない証拠です。信頼とは無条件でなくてはならないからです。

ただし、無条件の信頼とは盲目的になることではありません。先に注意の与え方のところでお話ししましたが、相手の行動が間違っていると思えば「君はちょっと期待したことと違うことをやっているな」というように助言をしていくというのが、相手を信頼するということです。それが相互信頼のベースになります。

経営者はこうした信頼のトレーニングを絶えず自分自身に向けてやっていく必要があります。

経営者は耳学問の大家になれ

私はよく「経営者は耳学問の大家になれ」と言っています。耳学問の大家になるというのは、耳がいつも開かれているということです。本を読んだり、大学で教授から教わるのだけが学問ではありません。人の話を聴くことも学問です。たとえば松下幸之助さんは小学校中退です。でも、彼ほど耳学問をやった人はいないと思います。松下さんには学校歴はないけれども、膨大な学問歴があるのです。それは人の話をよく聴いたことから蓄積されていったものです。

つまり、ここで「耳学問の大家になれ」というのは、「人の話をよく聴きなさい」「聴き上手になりなさい」という意味なのです。耳に痛いことを含めてよく聴いて、それを自分自身を省みる材料にしていく。そうして絶えず成長していこうとすることが経営者には求められるのです。

私は、聴き上手というときの「きく」という字は「聞」ではなく「聴」を使っています。「聴」という字をよく見てみると、十の下の四に見える字があります。これは「目」を意味します。そしてその下には「心」という字があります。つまり、「聴」には、目を据えて、耳を駆使して、心も統一して聴くというニュアンスがあるのです。

聴き上手には三つのメリットがあります。

一つ目は、**情報が豊かになります**。情報はまさに耳から入ってきます。

二つ目は、**確実に人に好かれます**。聴き上手な人で「あいつは嫌な奴だ。何しろ聴き上手なんだよ」と批判される人はいません。

三つ目は、**人の話を聴くことによって相手の問題を整理統合して解決する支援ができます**。よく聴くことによって的確な助言ができるようになるのです。だから、よく聴くと、耳学問の大家になれるし、人に好かれるし、相手の問題解決の支援者になれるわけです。どこかのスクールに行って学ぶことも必要かもしれませんが、それよりも経営者は現場に出ていって、現場の人の話に耳を傾けて話を聴くということがとても大事なのです。

机上の空論という言葉がありますが、机上の多くは空論なのです。現場にこそ知恵が潜《ひそ》んでいます。そういう点で、現場の声を聴くことが大事です。ただし、机上の学問が全く必要ではないということではありません。机上の学問も大切です。要するに、机上の学問と現場の耳学問を統合することが大事なのです。

経営者の中には自分に学歴がないことに劣等感を感じて、自分より優秀な大学を出た人たちを採用したがらないような人もいます。そういう人を見るにつけ、私はアメリカの鉄鋼王アンドリュー・カーネギーの墓に刻んであるという墓碑銘の言葉を思い出します。それは「己より賢きものを近づける術《すべ》知りたる者、ここに眠れり」という言葉です。**自分がなんでも一番でなくてはならないと思うのではなくて、自分より優れている人がいればどんどん抜擢《ばってき》して使えばいい**のです。そういう姿勢でいれば、たとえ学歴で劣っていても、何も気にする必要はありません。

むしろ経営者が「自分はなんでも知っている。オールマイティだ」と言うと、人はついてこなくなります。そういう経営者に限って、現場の声に真摯に耳を傾けないからです。どんなに学歴があっても、それでオールマイティとは言えないのです。

自分がオールマイティだと思うのは勘違いです。現実には自分よりももっと優れた人がたくさんいることを知ってほしいのです。社内にいる人たちの話に耳を傾けて聴いてみれば、「この人はこんなことをよく知っているな」「この人にはこういう卓越した部分があるんだな」ということがわかるはずです。そういう人を見つけ出し、信頼して仕事を任せていく。それが会社を発展させるための経営者の大切な役割です。

どちらが勝つ？　全力を出した四人組と手抜きした八人組の綱引き

リンゲルマンというフランスの農学者がやった「綱引き実験」というものがあります。一対一で全力を出して綱引きをしたときの力の単位を一〇〇としたとき、各々がもう一人ずつ連れてきて二人対二人で綱引きをやると、一人当たりの発揮できるパワーは一〇〇から上がるか下がるか。三人一組で綱引きをやるとどうなのか。もう少し人数を増やして八対八だとどうなるかということを実験したのです。

リンゲルマンの実験では、二人一組のときにそれぞれが発揮する力は一対一のときの九三％になりました。つまり、七％の手抜きをしていることがわかりました。これが三人一組になると一五％の手抜き、八人一組の場合はなんと五一％の手抜きが見られるという結果が出ました。このデータにしたがえば、全力を出す四人と手抜きをする八人で綱引きをすると、全力を出す四人のほうが勝つことになります。これは「社会的手抜きの実験」と呼ばれるものです。

ここで言えることは、よく営業軍団がやるように「一丸となって事に当たろう」というのは確かに勇ましいけれども、実は手抜きを誘発しているということです。私は営業系の研修をして営業部員の本音を聴いていますが、ハチマキをして営業部長の前で盛り上がって「出陣！」と言って威勢よく会社を出るけれど、向かうのは客先でなくて大体、喫茶店なのです。要は、同じ立場の仲間がいると責任が分散し、自分がやらなくてもあいつがやるだろうと考えて、手抜きを誘発することになるのです。だから大事なのは、各自に責任を割り当てることです。

チームのメンバーにはそれぞれ個性があります。アドラー心理学では、一人ひとりがユニークだと考えます。ユニークというのは、「かけがえがない」「取り換え不能」

ということです。ところが、そのことに気づかない上司が多いのです。気づいていれば、同じ軍団であっても「君には主にこういうことをやってほしい」「あなたにはこういうことを期待する」と、それぞれに役割を与えることができるはずです。それは人それぞれの違いを活かすということです。

それをうまく活かしたのが桃太郎です。桃太郎は犬だけ連れて鬼ヶ島に行ったわけではありません。まず、おばあさんのつくったキビ団子を持っていきました。これは勇気のシンボルであり、また戦うときの食糧です。桃太郎の仲間となった雉は、鬼ヶ島を上空から視察して敵の配備がどうなっているかを見て帰ってきました。そして、敵の情報を猿に知らせて相談しました。だから雉は情報のシンボルです。そして猿は参謀で、智慧《ちえ》のシンボルです。この雉の情報、猿の智慧を得た桃太郎は、犬とともに突撃して鬼退治を果たすのです。

この桃太郎の話のように、会社の中でも一人ひとりがそれぞれ違った領域で優れた技量を持っているはずです。だから、経営者は各人がどういう技量を持っているのかをしっかり把握することが大事なのです。チーム内にいる優れた人を活かすとはこういうことです。それが適材適所につながるのです。

とかく従来の組織は「みんなで一致団結して頑張ろう」という気合系が幅を利かせていました。しかし、それが隠れ蓑《みの》になって右へ行ったり左へ行ったりするだけで、責任もあいまいなままでした。これからの時代、これでは生き残れません。成果を生む協力をするために何が必要かというと、それぞれの違いを認めることなのです。そして、違いを認めるとは、各人のユニークさを大切にするということです。

ところが多くの経営者は、自分より優れた社員がいてもなかなか認めたがらない。自分にないものを持っていると嫉妬して、能力を引き出すのではなく、叩き潰そうとします。

「どちらかが、相手を裏切りそうだという固定した考えを持っていれば、幸福になることはできない」（『個人心理学講義』）とアドラーは言っていますが、経営者が社員の優れた能力を潰そうとする姿勢を見せると、立場が下の社員は服従するしかないのです。そして、力を発揮しないまま働き続けることになります。

そのときに経営者が能力を認めて突き抜けさせてやれば本人は成長するし、会社にとってもいいことなのに、それをやろうとしないのです。これではなかなか経営はうまくいきません。

スタッフが牛耳り始めた会社はおかしくなる

これに対して、先に述べた耳学問の良さは「結合の力」を持っていることです。ただ聞いているだけだと噂話で終わってしまいますが、現場の話をよく聴いて、自分が「学んでいること」や「前提としていること」と統合することによって、新しい創造ができるのです。

経済学者のシュンペーターは『経済発展の理論』という本の中で、イノベーションを「新結合」と定義しています。理論上の仮説と現場を結びつける中から新たに生まれるのがイノベーションというものです。つまり、「耳学問の大家」は「イノベーションの大家」になれるのです。

かつてのテレビドラマのセリフで「事件は現場で起きている」というのがありましたが、現場で何が起きているか、現場ではどう伝わっているのかを絶えず推量し、それを理論や推論と比べてつなぐことによって耳学問の大家ができるのだと思います。

ある中堅企業で、社内の改革を図るために経営大学院を出ているコンサル会社出身の人を入れることになりました。この人は入社すると、早速、「なぜできないんだ」「なぜなんだ」「なぜなんだ」と、会社を〝ＷＨＹ尽くめ〟にしました。その結果どうなったかというと、それまで問題なく機能していたことが滞り始めました。「なぜこうなるんだ」「なぜできないんだ」と徹底的に疑問を投げかけるため、その説明や報告に多くの時間が割かれるようになってしまったのです。

しかし、誰も彼を説得することはできませんでした。というのは、彼の求める「なぜ」の答えは、ＭＢＡで学んだ知識に照らしてピッタリ合ったものでなくてはならなかったからです。合致するものにはゴーサインを出すのですが、そうでないものは「レベルが低い」「なんでわからないんだ」と、全く聴く耳を持たなかったのです。

この人は現場には行かず、担当者を呼び寄せました。そして話を聞いては「ナンセンス」と突き返す。事業部長が自分の事業部門に戻って新たな案をつくって持っていくと、また突き返す。この繰り返しで全く事業が前に進まず、会社は空回り状態に陥りました。結局、事業部長が社長に「あの人を外してくれ」と直談判することになりました。

現場と離れたところでMBA的な知識でやり取りすると弊害が起きるのです。現場と程遠いところで仮説を立て、〝WHY尽くめ〟で究明し、自分の論理に合わないものは排除するというようなことをやっていると、社内は統合どころか離反する感じになってしまいます。

やはり大事なのは現場です。経営者や経営幹部は自ら現場に足を運んで、現場の人たちの声をよく聴いて「自分はこういう仮説を立てていたけれど、どうも違うようだな」「ちょっと修正しなくちゃいけないな」と、状況に応じた寛容さを持つことが必要なのです。

ドラッカーは『現代の経営』の中で「スタッフエンパイヤ（スタッフ帝国）」という言葉を使っています。スタッフが牛耳り始めた会社はおかしくなるということです。こういうケースが実に多いのです。借り物的な経営で、優れた人を外から呼んで社内改革をしようとすると、スタッフ帝国をつくってしまいがちです。その結果、社員がお客様を見ないで社内を見るというようになってしまうのです。

いかに優れた理論でも、その企業に合わせて軌道修正できなければ役に立たないということです。

イノベーションの生まれる原点

そうした意味で、これからの経営者に求められるのは、結合・コンビネーションの力です。コンビネーションこそイノベーションの源泉です。社長と誰かを結びつけ、社員の誰かと誰かを結びつける。あるいは、会社の持つ可能性と市場にあるさまざまなオポチュニティ（機会）を結びつける。そのような結びつける力を持ち、創造的破壊をし、将来に対して何ができるかを構想する。これがイノベーションのもともとの意味です。

それが社長に求められるイノベーションです。そうしたイノベーションを起こすために社内にいる社員の強みと可能性を見出し、「AさんとBさんを結びつけると何が生まれるだろうか」と考えていく。それがこれからの社長の役割だと思います。

もう一つ大切なのは、自分の強みを知ったうえで相手を見ること。**自分の持っている可能性と相手の持っている機会を結びつける、これが成功の方程式**です。正確に言うと、「ニーズとシーズを結びつける」ということです。「シーズ」とはこちらが持っている種、「ニーズ」は相手が持っている欲求です。

このニーズには顕在ニーズと潜在ニーズがあります。顕在ニーズは目に見えるのでわかりやすいのですが、潜在ニーズは目に見えません。そこで、相手に対していろいろな問いを発していくのです。そうすると、潜在ニーズがどんどんクローズアップされてきます。そうやって顕在化したニーズに、自分の持つシーズを結びつけていく。「こういう連携はできないでしょうか」「こういう協業の可能性はないでしょうか」と提案をしていくと、そこにイノベーションが起こる可能性が生まれるわけです。

こうした潜在ニーズの掘り起こしをしてシーズとニーズを結びつけていくことがセールスの力にもなりますし、イノベーションの生まれる原点になるのです。

絶えず相手の持っているニーズの中に自分のシーズをどう結合できるかを考える。それは人と人の結合でも同じです。いかに結びつけるかを絶えず考えることによって、必ずそこにスパークするものが見つかるはずです。

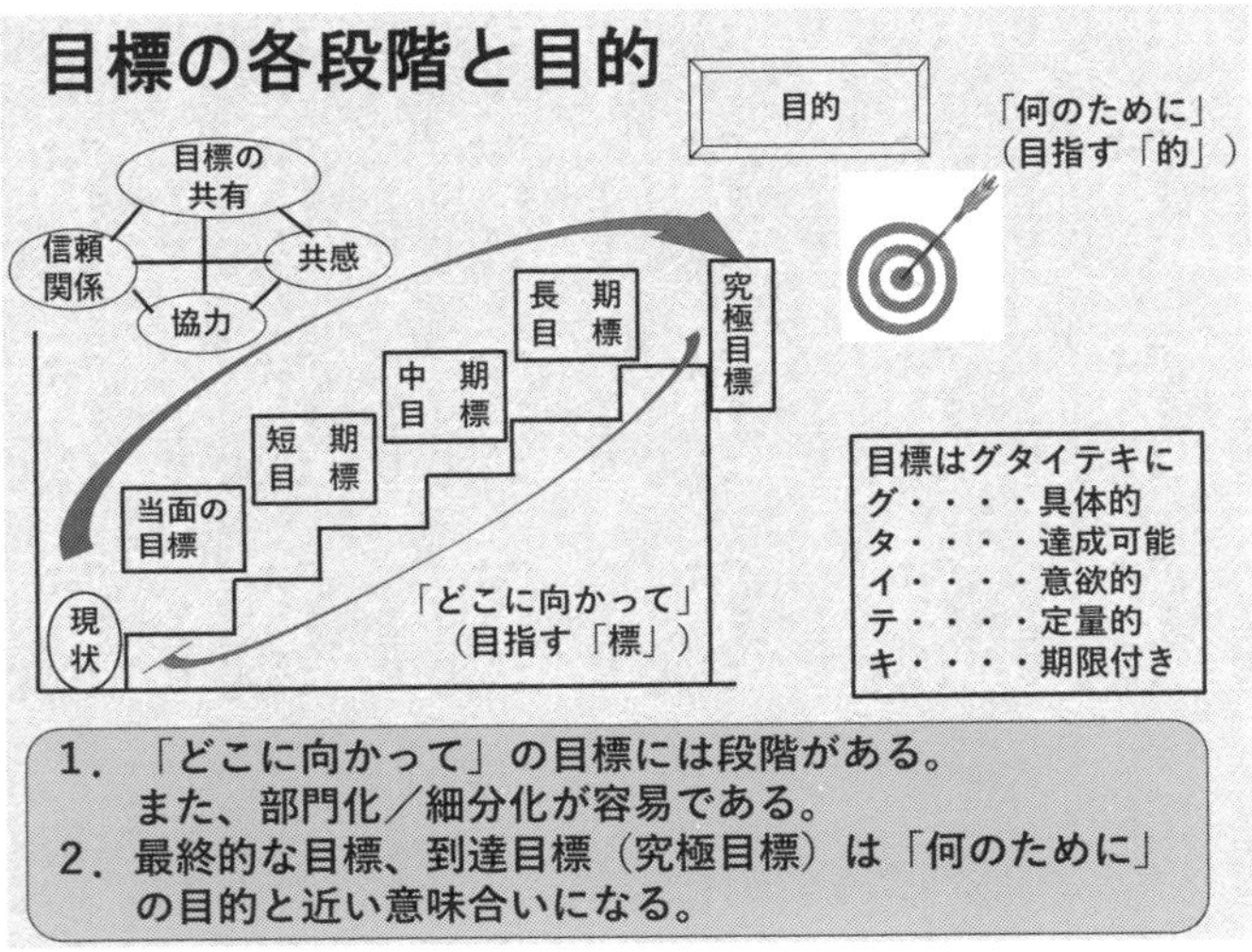

期待にはハシゴをかけろ

経営者が社員をいかに信頼するか。その一つの表れとして、「期待しているよ」と声をかけるのはいいことだと思います。ただ、いくら期待するといっても、現状からいきなり高い所まで一足飛びに行けるものではありません。

私は、「期待にはハシゴをかけろ」と言っています。究極の目標と現状の間にハシゴをかけて、その目標を実現するために、当面クリアするべき目標はこれ、短期的な目標はこれ、中期的な目標はこれ、長期的な目標はこれ……というように、そのときどきでなすべきことを示すのです。そういうハシゴをかけることによって段階的に上がっていけるように導くわけです。

ところが、経営者の中にはハシゴをかけただけで本人を活かしたつもりになって、途中でハシゴを外してしまう人がいます。あるいは、ハシゴをかけていないから思いつきで目標を示して、社員を右往左往させてしまう人が多いのです。

しかし、何事であれ物事を成就するには段階というものがあります。それを順番に上がっていくのが最終目標に到達する道です。その道筋がはっきりしていないのは、目的と目標が違うことを知らないからでしょう。

目的とは「何のために」するのかということで、「目指すべき的」を示します。これに対して目標は、「どこに向かって」するのかということで、「目指すべき標《しるべ》」のことです。目的と目標はどちらか一つあれば足りるというものではなく、両方ともに必要です。

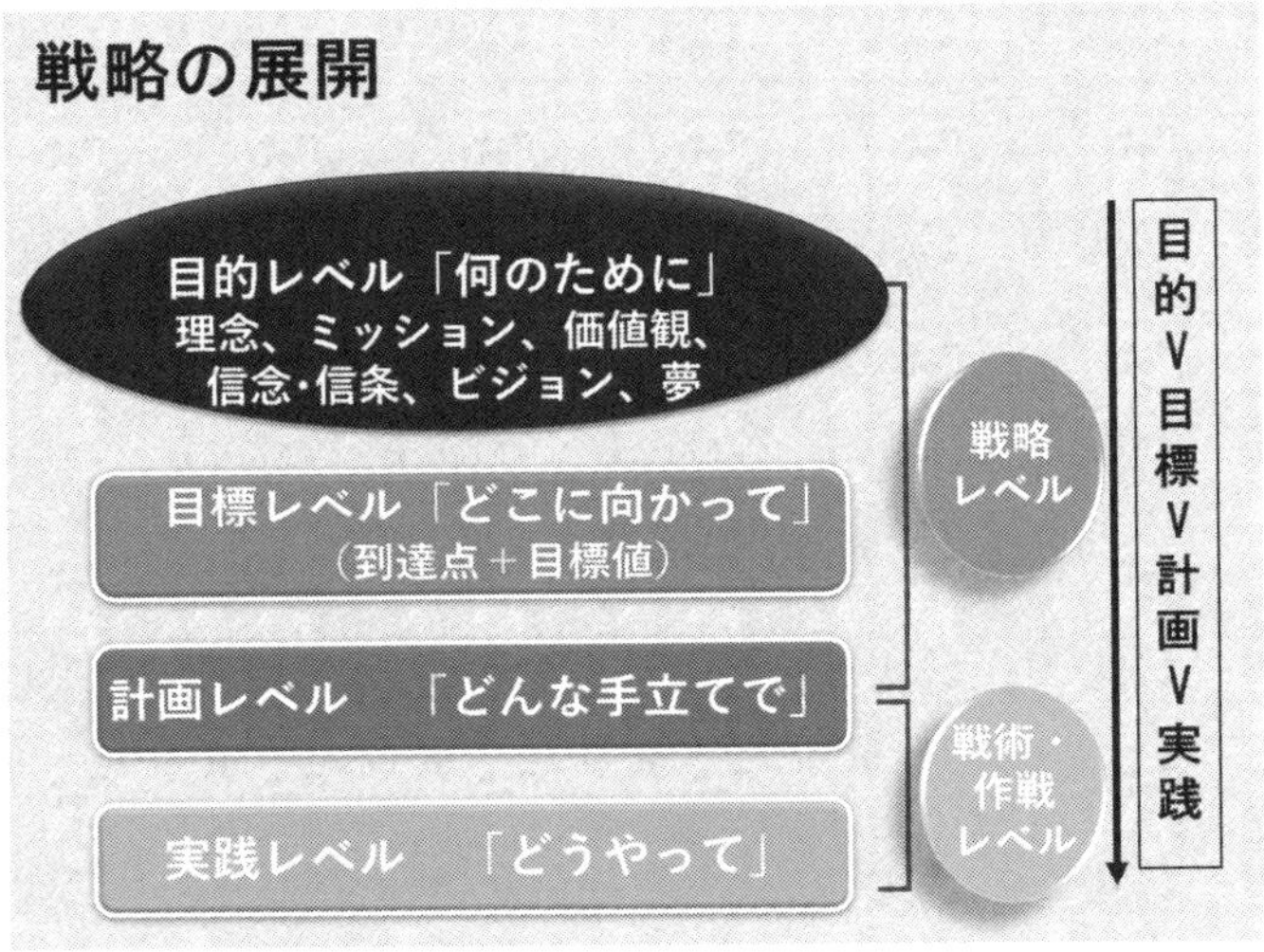

ただ、より上位にあるのは目的です。だから、まず目的をしっかりイメージする必要があります。そのあとで目標を決めて、目標から目的に向かって上がっていくハシゴをかけるのです。そうすると、計画レベルで「どんな手立てを使ったらいいのか」を示し、実践レベルで「どうやったらいいのか」を示すことができます。つまり、ハシゴが下からどんどん積み上がるわけです。

この手続きが必要なのです。目標達成をうるさく言う社長は数多くいますが、「何のために」という目的を社員にしっかり伝える社長があまりにも少ないように感じます。そのために、目的を理解していない社員が多いのです。何のためにこの会社が存在するのか、何のためにこの仕事に自分は従事するのか——それがわかっているのといないのとでは、働き方は全く違ってきます。

経営者は、目的と目標の違いをしっかり理解していなくてはいけません。そして、部下に対してそれをはっきり伝えなくてはいけません。たとえば「この新しいプロジェクトを君に任せるのにはこんな意味があるんだ。君にはこういう期待をしているんだ」と伝える必要があるのです。

第一に伝えるべきは「早く成果を出せ」ということではないと思います。「早く成果を出せ」というと必然的に数字を追いかけることになります。それでは社員が疲弊してしまいます。そうならないように、「何のために」という目的を繰り返し伝え、その実現に到る道筋を示して、段階的にハシゴをかけてうまく導いていく必要があるのです。

目標の基準はグ・タ・イ・テ・キに

では、目標の基準をどこに置くのがいいのでしょうか。アドラー心理学では、「高すぎる目標は勇気をくじく」と言っています。そして、目標は具体的でなければなりません。

具体的ということについて、私は次のように表現しています。

グ……具体的
タ……達成可能
イ……意欲的
テ……定量的
キ……期限付き

たとえばダイエットならば、八十五キロを七十キロまで落とすというように、数値目標を決めて始めます。しかし、短期間で一気に十五キロ減らそうとしてもうまくいきません。仮に一時的に成功しても、リバウンドで元に戻ってしまう場合がほとんどでしょう。

最終的に十五キロ減らすという目標を定めるのはいいとして、それを成功させるためには、たとえば半年という期限を設けて、「最初の一か月で二キロ減らす」というような達成可能な目標を定め、そのためにはどういう手立てでやろうかと決めていくほうが具体的かつ定量的であり、意欲的に取り組めます。

具体的な目標を決めることで、初めて目的は実現可能になります。「とにかく頑張ってくれ」と言うだけでは、うまくいくものではありません。

このように目標を具体的にして目的実現のためのハシゴをかけていくモチベートする方法としてアドラー心理学では「勇気づけ」を重視しています。

目標と現実の乖離によってこそ、人間は努力し成長する

アドラー心理学の目的論では**「人間の行動には、その人特有の意思を伴う目的がある」**と考えます。これはフロイトの原因論に相対する考え方です。

フロイトは、人間の行動には必ず原因があると考えました。これは自然科学の世界と同じ論理です。たとえば、「水が凍ったのは気温が○度以下になったから」というように、自然科学の「結果」には「原因」があります。フロイトは、それと同じように「人間の行動や感情にも原因がある」と考えました。

しかし、「人間の心」には自然科学の世界にあるような決まった公式があるわけではありません。たとえば、過酷な労働環境に置かれたとしても、すべての人が働かないわけではないのです。

また、自然科学と同様に原因論で人間をとらえるとしたら、今現れている結果はす

べて、過去に原因があることになります。実際、そのような見方に基づいてフロイトは精神分析を行いました。アドラーは違います。アドラー心理学は、心理学の中では初めてと言ってよいくらい人間の意思を尊重しました。そして、**「今から未来に向かって何ができるか」**というように、本人も気づいていない目標に向かって努力するのが意思に基づく人間行動であるという仮説を立てました。

アドラーの思想のベースにあるのは人類の進化です。人間は他の動物とは違って、劣等感を克服して「こうありたい」という自分の目標に向かって近づこうと努力してきました。人間には鳥のように翼がないから飛行機をつくり、魚のように泳ぐことができないから船をつくり、チーターのように速く走れないから車をつくりました。劣等感の産物として、目標を立て、それにより近づこうと努力をしてきました。その結果、人類は進化してきたのだという大きな構想がアドラー心理学の根底にあるのです。

それは人間の見方にも反映されています。人は誰でも進化の可能性を持っていて、成長しようとしている。そう見たときに、その成長は何によって実現するかというと、目標と現実の乖離《かいり》なのです。つまり、目標と現実の間が離れているから、意思を持って近づけようと努力する。これが人間の行動だとアドラーは見ました。これがアドラー心理学の目的論の起こりです。

人間に意思があるということを非常に重視する人間理解の方法は、それまでの心理学とは全く違っていました。意思というのは未来志向です。今から近未来、あるいは遠い未来に対して何ができるか、そのために今、何を第一歩とすべきかと考えます。そういう心の働きをするのが人間なのだと考え、それを理論化したのがアドラー心理学なのです。

信頼は人間を前に進ませる大きな力

アドラーはあらゆる形で否定的な人間観を捨て、肯定的な人間観を持つことを強調しています。たとえば、否定的に見られがちな劣等感についても**「人は誰でも劣等感**

を持っている。劣等感それ自体は病気ではない。むしろ健全な向上心につながるきっかけになるだろう」（『生きるために大切なこと』）と言っています。この言葉を意外に思う人は多いかもしれません。一般に劣等感はネガティブなものととらえられているからです。

アドラーの文脈では、劣等感には二通りの意味があります。一つは他者との比較に基づく劣等感です。これは「あの人に比べて自分は劣っている」という見方です。裏返して言うと、こういう見方は「あいつより自分はすごい」という優越感も生み出すことになります。他人と比較することで、そこに上下関係ができあがるのです。これは劣等感の弊害と言っていいでしょう。

もう一つ、目標を持つことによる劣等感というものがあります。たとえば「今よりももっとよくなりたい」という目標や理想を持つと、現状の物足りない自分と比較して「悔しい」「もどかしい」といった陰性感情が出ます。これも劣等感です。しかしアドラーは、目標と現実とのギャップによる劣等感は進歩向上のモチベーションになるから病気でも悪者でもない、むしろ大事な見方であると盛んに言っています。これは実にアドラーらしいメッセージです。

また、これも思いがけないことに聞こえるかもしれませんが、アドラーは「心には矛盾対立はない」と言っています。意識と無意識、理性と感情といったものは矛盾対立すると考えがちですが、これらは「心が投じたもの」だと言うのです。だから矛盾しているのではなく、お互いが補い合うものであり、分割できないものだという見方をしています。

このようにアドラーは常識に逆らった見方をしているのですが、逆らう方向がポジティブなのです。先ほどの目的論もそうです。原因を考えると、過去の複雑な問題がいくらでも出てきます。それらは大体ネガティブなものです。しかし、アドラーはそんな過去の原因にこだわる必要はないと言います。それより未来の目的や目標に向かって何が大事なのかを考えようと。そうすると過去にとらわれることなく、未来に向けての旗印が決まってくるから行動がシンプルになってきます。難しく考える必要はないのです。

アドラー心理学は非常にポジティブです。それはアドラーが未来に向けて進化しようとする人間の意思に信頼を置き、それを肯定しているからです。信頼は人間を前に進ませる大きな力となるのです。

第三章

共　感
（エンパシー）

「相手の目で見、相手の耳で聞き、相手の心で感じる」と、この章では何度も出てきます。これは、アドラーが「共感（エンパシー）」について述べた言葉です。

この章では、共感の反意語として「独善」を取り上げ、経営者が独善に傾くことをいさめています。また、共感のレベルを超えて同情モードに入ってしまうことにも警告を与えています。共感は、簡略化すると「他者／仲間への関心」ですが、状況を俯瞰して見ることも共感の重要な要素です。

私は、研修講師としてさまざまな経営者から一般社員層まで研修を担当していますが、その中には、ハイ・パフォーマー（業績優良者）だけでなくロー・パフォーマー（業績不振者）も含まれます。両者の違いを観察すると、向上心や責任感などもありますが、最大の違いは「共感力」の差です。ロー・パフォーマーは、自分への関心が強い――いわゆる独善――割には他者や状況への関心が極めて希薄です。これは、アドラーが次のように言っていることを裏付けています。

「人生において最大の困難にあい、他者にもっとも大きな害を与えるのは、仲間に関心を持っていない人である。人間のあらゆる失敗が生じるのは、このような人の中からである」（『人生の意味の心理学 下』）

見方によれば、失敗を犯しがちなロー・パフォーマーを変えるためには、仲間や状況への関心を高める訓練が必要です。これもアドラーの言葉で納得がいくことでしょう。

「われわれが反対しなければならないのは、自分自身への関心だけで動く人である。この態度は、個人と集団の進歩にとって、考えられるもっとも大きな障害である。どんなものであれ、人間の能力が発達するのは、仲間の人間に関心を持つことによってだけである」（『人生の意味の心理学 下』）

この章ではさらに、共感の態度で部下を説得する際の効果的な五つのポイントも示されています。

そして、社長が自分自身を変革することによって組織が変わることに触れ、社長自身が変革の抵抗勢力になることなく、変革のモデルになる必要性を説いています。

共感とは、相手の目で見、相手の耳で聞き、相手の心で感じること

私はよく物事を反意語でとらえて考えてみます。共感の反意語は何か。それは独善だと思います。これは私の見方ですが、独善というのは、自分の目で見、自分の心で聞き、自分の心でしか感じないということです。すべて自分本位で、「相手の立場なら」という見方はしない自分中心主義です。

こうした独善は、経営者の最も陥りやすい罠です。独善的な経営者は相手に対する共感が不足していますから、従業員に対しても「あいつら」とか「あの男は」という言い方を平気でします。これは尊敬・信頼の立場から見ても独善的な言い方です。

アドラーは言います。**「われわれは見ること、聞くこと、話すことにおいて他者と結びついている。人は外界に関心を持ち、他者と結びついている時にだけ、正しく見、聞き、話すのである」**（『生きる意味を求めて』）と。相手の立場に自分の身を置いて、

相手の目で見て、相手の耳で聞き、相手の心で感じるというのは、良き人間関係の基本です。

たとえば、お客様の目で見、お客様の耳で聞き、お客様の心で感じることができれば、売れない理由がわかります。「そうか、わが社のサービスはどうも自分本位なんだな。自分たちが売りたいと思うものを商品化して出しているけれども、お客様の立場から見ると買いたい商品になっていないんだな」といったことが見えてきます。

ウォルター・ベラン・ウルフというアドラーのお弟子さんの書いた『どうすれば幸福になれるか』という本があります。私はこの本に大学時代に出合って、もう二十回以上は読んでいます。この中に、共感能力の違いについて理解させるための逸話があります。『町の愚か者と迷子のロバ』の物語です。

ロシアのある小さな町の自慢は、たった一匹のロバだった。そのロバがどういうわけか突然いなくなってしまったので、町中が大騒ぎになった。町の長老たちの秘密の会議が招集され、三日三晩、長老たちはその席でロバがいなくなった理論上の動機と原因は何か、どうすればロバを見つけられるかをまじめくさって話し合った。重々しい空気の会議の最中、誰かがドアをノックする音が聞こえた。町の愚か者が入ってきて、迷子になったロバを見つけたと言うのである。長老たちが集まって知恵を絞ってもだめだったのに、どうやってロバを見つけることができたのか、と愚か者に尋ねると彼は答えた。

「ロバがいなくなったと聞いて、私はロバの小屋に行き、ロバと同じように壁に向かって立ってみました。そしてロバになったつもりで、私だったら小屋を抜け出してどこへ行くだろうか、と考えてみたのです。それからその場所に行き、ロバを見つけました」

この話の大事なポイントは二つあります。一つ目は、長老たちは誰一人としてロバが逃げた現場であるロバ小屋に行かなかったということです。それから二つ目は、長老たちはロバの立場ではなくて人間の立場で会議をしたということです。

長老たちは町のエリートのつもりなのです。だから、逃げたのはロバなのに、人間の目で見、人間の耳で聞き、人間の心で感じようとしました。彼らは共感能力のない人なのです。ところが、「ロバを見つけました」と言って入ってきた町の愚か者は、最初にロバが逃げた小屋に行きました。そして、ロバの身になって考えました。彼は、ロバの目で見、ロバの耳で聞き、ロバの心で感じようとしたわけです。だから、見つけることができた。彼は町の愚か者のレッテルを貼られていましたが、共感能力のある人だったのです。

相手の目で見て、相手の耳で聞き、相手の心で感じるとは、こういうことです。

経営者は問題が起きたときに司令塔となって指示を出さなくてはいけません。そこで必要なことは、現場、現実、現品の三つです。三現主義といわれますが、これがあらゆる説得力の基本になります。しかし、政治でも経営でも今の日本のリーダーには現場意識が希薄なようです。特にＭＢＡなどで経営の勉強をし尽くした人は、現場を知らないまま自分なりの判断で机上の空論を述べる傾向が強くあります。こうした人は共感能力がないといえます。

共感というのは、相手の目で見、相手の耳で聞き、相手の心で感じるということ。これは他者の目であり、現実・現場の感覚であり、より大きな視点なのです。私はこれをメタ認知と言っています。あるいは、セルフモニタリングシステムと言います。つまり、より大きな場所から俯瞰する目、鳥の目です。そんな目で見ることを忘れて、重箱の隅をつつくように虫の目で見るのが得意な人がたくさんいます。しかし、より広い視点が疎《おろそ》かになると、組織は非常に危ないのです。

共感と同情の違いを理解する

共感能力を持つということに加えて、もう一つ忘れてはならないものがあります。それは共感と同情の違いを理解するということです。本人は相手に共感を示しているつもりなのですが、実は同情的になっていて、肩入れしすぎて失敗することが多々あります。

では、共感と同情はどう違うのでしょうか。「憐憫《れんびん》の情」とか「惻隠《そくいん》の情」と言います。これらは相手に対する同情の気持ちですが、決して悪いものではありません。むしろ人間にとって必要なものです。しかし、あまりにも同情に傾きすぎると弊害が生じます。なぜならば、**共感は相手に関心が向いていますが、同情はあくまでも自分に関心が向いている**からなのです。

同情は支配依存関係の中で生じる感情です。強い者が弱い者に、上の者が下の者に「かわいそうだ」という形で同情するわけです。これは自分の関心です。自分が相手を見て一方的に「気の毒だ、辛いだろうな」と思うのです。だから、相手は別に辛いと思っていないということもあります。

もう一つ重要なのは、共感は相手への信頼がベースになっているためコントロールしやすいけれど、同情は自分の感情がすべてですから、我を忘れて手を貸して深みにはまるケースがあるということです。

中小企業の経営においてよく聞く話ですが、社員が「社長、実は子どもが重い病気になって入院することになりました。お金がかかるので前借りをお願いできないでしょうか」などと頼んでくることがあります。このとき、ルールに則って処理できるのなら問題ないのですが、社長がポケットマネーで貸してやったりすると、社員は味を占めていろいろな手で前借りを求めてきます。その結果、どんどんとお金が出ていってしまう結果になります。これは同情なのです。『家なき子』というドラマに「同情するなら金をくれ」という有名なセリフがありましたが、まさに同情によって制御不能な関係になることが結構あります。こうなると人間関係が危険ゾーンに入ってしまいます。

共感の関係ならば、このケースでは「個人的には貸せないけれど、こういう方法がある」と借り入れの方法を教えるとか、「僕が個人的に貸すけれど、ちゃんと借用書を作って、いつまでに返却するかを明確にしてほしい」というように契約に則って処理することもできるのです。

「情けは人のためならず」という言葉があります。もともとの解釈は「情けをかけると、それが巡り巡って自分に返ってきますよ」という意味です。ところが、情けが過度な同情になってしまうと、相手は情けを依存の材料として、「もっと頼っていいんだ」と解釈してしまう。そうなると、本人の自立心と責任感を損なってズルズルとした関係になり、本人の成長にも役立たないというふうになってしまうわけです。

共感とは自分自身の行動を俯瞰する目を持つことです。二人で話をしているときに隣の部屋で監視している人がいると知っていれば、セクハラやパワハラといった逸脱行為に走ることはありません。見ている人がいるという感覚があるから、自分自身の平常心を保てるのです。しかし、そういう意識が消えると、社長が個人として会社の金を使ってしまうというようなフライングを起こしてしまうケースがあります。「このくらい、いいじゃないか」という軽い感覚で始めたことが往々にして大問題に発展するのです。

そうしたフライングを防ぐのも共感の重要性だと思います。俯瞰《ふかん》する目というのは、コンプライアンスを守る手段としても使えるのです。

相手を効果的に説得する五つのポイント

相手の目で見て、相手の耳で聞き、相手の心で感じるという共感の態度は、相手を説得するときにも役立ちます。相手が納得して自律的に動き出すような効果的な説得をするためには、次の五つのポイントがあります。

一つ目のポイントは「相手のニーズを突く」ということ。

そのためには、まず相手が何を求めているのかを知ることです。相手への共感がなく自分中心だと、相手のニーズがわかりません。しかし、相手の目で見、相手の耳で聞き、相手の心で感じていると、何を求めているのかがはっきりします。これは共感が応用される分野です。相手の話を徹底的に聞くことによって、「こう考えているんだな」ということがわかるのです。

私は「人おこしリーダー養成講座」というものを主宰しています。この講座で強く言っているのが、このニーズについてです。ニーズという言葉は誰でも使いますが、実はよくわかっていない人が多いのです。前章でもお話ししましたが、ニーズには顕在ニーズと潜在ニーズがあります。顕在ニーズは表面化していますが、まだわかっていない新しい領域＝潜在ニーズがあります。この潜在ニーズを掘り出して顕在化させることによって、人の新たな可能性を引き出すことができるのです。

二つ目のポイントは「使命感や貢献感に訴える」ということ。

私は「人おこしリーダー養成講座」で「そもそもあなたは、よりによって何ゆえにこの会社に入ったんですか」「他の世界でもいいのに、なぜよりによってこの世界で生きているのですか」と聞いています。「よりによって」は「選りに選って」と書きます。だから、「あなたは他の選択肢もあったのに、選びに選んで何ゆえに今のお立場にいるのですか」と聞いているわけです。それから、「あなたがこの会社で担うミッションはなんですか」「それを誰にどう提案できますか」「どういう貢献があなたには可能ですか」というようなことを質問します。

こうしたアプローチを徹底してやっていくと、その人が思っている以上の持ち味・可能性（シーズあるいはリソース）があるということが明らかになります。アドラーは「**人は誰でも、何事をもなしえる**」という言葉を残していますが、その人の持ち味・可能性が外部のニーズと結びついたとき、イノベーション（＝新結合）が生まれるのです。そして、その人の持ち味・可能性は、異なる資質を持つ人の「勇気づけ」の支援によって発見し、引き出すことができます。それからあとは本人の自助努力次第です。

とにかく私が強調したいのは、「あなたには自分で思っている以上の可能性があります。そして、その可能性の発揮を待っている人がいます。その人に対して、あなたはどういう貢献ができますか」という徹底的な問いかけによって、相手の使命感や貢献感に訴えることです。それによって相手のポジティブな姿勢を引き出すことができるのです。これが説得の二番目のプロセスです。

三つ目のポイントは「五感に訴える」ということ。

相手の使命感や貢献感に訴えると、「自分にはこんなことができる、あんなこともできる」という話がどんどん出てきます。そこで次に、「では、あなたがそれを実現している姿をイメージしてみましょう。どんな場所で、どんな形であなたはそれを訴えていますか。そのとき、どんな声が聞こえますか、どんな身体感覚がありますか」というふうに五感に訴えていきます。すると、単なる映像でしかなかったビジョンが身体感覚として響いてきて、ある程度、自分なりに深く入っていくものがあります。それが説得へとつながるのです。

四つ目のポイントは「鍵となる言葉（キーワード）を残す」こと。

自分の中に響いてきたビジョンを短い言葉として残すということです。人は長いセンテンスをいちいち覚えたりしません。キーワードを記憶します。たとえば、「今日の研修でどんなことが印象に残りましたか」と聞くと、「勇気づけです」というように、フルセンテンスではなく、独特なキーワードで答えます。

だから、説得するときには相手に期待するキーワードを示す。相手はそれを記憶に残し、自分なりに「よし、これを課題として取り組もう」という前向きな気持ちになるわけです。

五つ目のポイントは「命令口調ではなくて、依頼口調を使う」こと。

説得するときには「こうしなさい」「ああやりなさい」という命令口調ではなく、「こうしてみると、どういうことが起きるでしょうか」「こんなことをやると、どういうふうになるでしょうか」という依頼口調を使うと効果的です。もともと説得というのは嫌なことを引き受けさせるわけですから、命令口調だと相手はネガティブな感情で動きます。それでは成果も期待できません。

逆に、「あなたにはこんなことを期待してるし、こんなことに取り掛かってほしいと思う」という言い方をすることによって、相手は「頑張ってみようか」という気持ちになるのです。

効果的な説得の方法には以上のような五つのポイントがあります。大切なのは相手に対して期待感を示し、相手がポジティブな気持ちで課題に取り組めるように配慮することです。そのためのベースにあるのが相手への共感なのです。

イノベーションの一番の抵抗勢力になるのは、社長自身？

ところが、実際はこのような説得が行われていません。上司が部下と面談をしているときには注目してみてください。ほとんどが、「イエス、バット」で行われているはずです。多く見られるのが、「君はこういうことはよくやったと思う」「こういうことは非常に期待通りだった」と言ったあとに、「だけどね……」とバットが入って、「どうも報告を怠りがちである」「フライング気味の行動をしてしまう」というような話法です。

問題点を指摘するだけでなく、ちゃんと褒めているのだからいいじゃないかと思うかもしれません。しかし、この言い方はよくありません。なぜなら、心理学的にはあとから言われた言葉のほうが印象に残るからです。「よくやった」「期待通りだ」とポジティブなことを言われても、そのあとにネガティブな指摘をされると、相手は「なんだ、ポジティブなことは付け足しなのか」と思ってしまうのです。

そういうときは、「だけど」ではなく、「そこで、君にはもっとこうしてほしい。君ならばできるはずだ」というふうに、プラスの言い方をするといいのです。「イエス、バット」ではなく「イエス、アンド」です。

私はこの「イエス、アンド」という言い方をサンドイッチ語法と言っています。否定を肯定でサンドイッチするからですが、これには三段階があります。

まず「この半年間を振り返ってみて、君自身は自分のことをどんなふうに評価する？」と尋ねます。すると、相手は率直に「○○でした」と答えます。これが大原則です。「○○でした」と自分から言うと、そのあとにネガティブなことを言われても受け入れやすくなるのです。

次に、相手が「○○でした」と言ったことに対して「確かにそうだね」「よく自分自身を見つめて言ってくれたね」と相手を認めます。そのあとで、「そのことについてはこうしてほしい」と注意したいことを言います。まず本人の口から現状の問題を言わせて、相手の言ったことを認め、そして、ネガティブな注意を追加するわけです。これが第二段階です。

そして第三段階として、ネガティブなことを言ったあとで、今度は「君はそんなふうに自己洞察力も高いし、この半年間は人が嫌がることをやり遂げたよね。それが非常に強く印象に残っているんだ」とポジティブな言葉をかけるのです。

このようにポジティブで終わると、ネガティブな言葉を間に挟んでも最後のポジティブな言葉が全体に影響を与えるため、相手は「面接してよかったな」と感じます。これがサンドイッチ語法です。

ところが、「イエス、バット」語法だと、「君の今日のプレゼンは凄く良かったよ。見やすかったし、よくまとまっていた。けどね、ここはちょっとデータが不足しているし、説得力がいま一つだったね」というように、最後の「いま一つ」ばかりが記憶に残ってしまいます。だから後味の悪い面接になってしまうわけです。

そういうときに「足りないデータもあったけれど、他の人が思いつかないことを盛り込んでくれていて非常に学ぶことがあったよ」とポジティブな言葉を添えると、印象は全く変わってきます。

注意を与えるほうとしては、ネガティブな部分が一番言いたいことなのです。だから、言ったほうはスッキリしますが、それで終わってしまうと言われたほうは釈然としません。初めにポジティブなことを言われても、帳消しになってしまいます。

この「イエス、バット」を一番使っているのが社長です。社長の発する言葉を分析してみると、自分で「イエス」と言いながら、何かの折に「だけど現実は……」と「バット」を使っています。そうやって無意識のうちにイノベーションの一番の抵抗勢力になっている社長が多いのです。

五年後にあなたの名前をネットで検索したときにどうなっていたいか

社長がそこに気づくためには、何度も言いますが、俯瞰する目が必要です。私が体験した例を挙げましょう。ある講演に招いた先生との問答です。これは自分を俯瞰するトレーニングの一つとして行ったものです。

最初に先生が私に問いました。

「あの世に行ったとき、天国の門番があなたに対して『君はこの世で何をやり遂げた?』と聞きました。さて、あなたはなんと答えますか?」

この質問に対して、私はこう答えました。

「私はあなたから授かったミッションの八〇%は実現しました。二〇%は未達です。そのことをしっかり認めます」

すると次の質問が投げかけられました。

「天国への門を開いてもらうために、あなたは門番にどういうふうに言いますか?」

私はこう答えました。

「八割は実現したけれど、二割は未達の部分があります。そういう自分でも受け入れていただけますか?」

つまり、「八割も実現したのだから通してくれ」ではなくて、「未達の部分は謙虚に受け入れますので、どうでしょうか」と言ったわけです。

門番の「君はこの世で何をやり遂げた?」という質問は、ドラッカーの「あなたは何をもって記憶に残されたいですか」という言葉と同じことを言っているのだと思います。こういう質問にどのように答えるかを考える。それは自分を俯瞰することだと言っていいでしょう。

たとえば、私は研修で「五年後にあなたの名前をグーグルやヤフーで検索したとき、どういうふうに出ているといいと思いますか？」というような質問をします。これはまさに「何をもって記憶に残されたいですか？」ということです。このような未来の視点、より広い視点、そして他者の視点で考えて、その答えを自分自身にフィードバックしてみると、自分を俯瞰的に見ることができるようになるのです。

この方法は本を読むときにも使えます。本に書いてあったことからフィードバックをもらうわけです。「いいことが書いてある」と思ったら、それを自分にフィードバックして、自ら実践し、先に展開してみるのです。そうやって、絶えず自分を振り返って考えてみればいいのです。

共感というのは独善の反対にあるものですから、自分のことといえども、他者の目、他者の教え、あるいは長期的な視点などによって得られたものを自分にフィードバックしてみる。そうすると自分が見えてきます。それは自分自身に共感するということなのです。

社長の姿勢が変革のモデルにならなくてはいけない

今の会社の中で、一番変革を必要としているのは社長自身です。そこを疎かにしておいて、「お前が変われ」と言っても無理があります。社員の共感が得られるわけはありません。

イギリスにＭＲＡ（Moral Rearmament Association：道徳再武装協会）という組織があります。ここでは「あなたが相手に人差し指を突き付けて、『お前が悪い』『あそこが悪い』と非難するとき、ふっと手を見てごらんなさい」と教えています。

さあ、実際に指さしてみてください。人差し指は相手に向かっていますが、小指、薬指、中指は自分に向かっていることがわかるでしょう。この三本の指をもとに自分を省みて、「こういう可能性があるな」「こんなことをしなければならないな」と思うと、攻撃の指が握手の手に変わる、とMRAでは教えていたことを記憶しています。社長が最高の抵抗勢力になりがちなのは、人を批判することは非常にうまいけれど、自分自身を省みる訓練をしていないからです。

社員が何か新しいことを始めようとすると、一番それに抵抗するのは間違いなく社長です。そういう抵抗勢力にならないためには、社長が自分自身をまるで他者のように見て、どう変革を遂げていけばいいのかという課題を持って、日々その課題の実現に向けて少しずつ前進することが必要なのです。

しかし、そうは言っても、社長は簡単には変わりません。社長が変わろうとしないのはなぜなのかというと、コンフォートゾーン（安全快適地帯）に入っているからです。

自分を変えるというのは、たとえて言えば黄ばんだ芝生を緑の芝生に変えるようなもので、古いスタイルを捨てて新しいスタイルを採り入れることです。しかし、社長

自分を変えるとは？

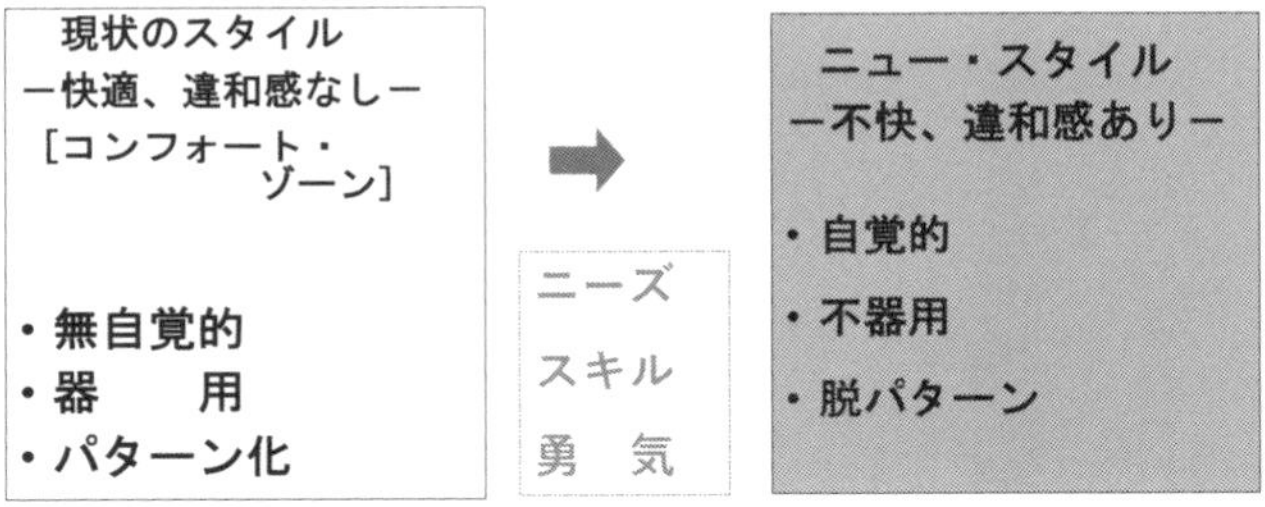

にとっては現状のスタイルにもそれなりに良いところもあるし、何よりも快適で、違和感がないのです。そのままやっていて不都合を感じない安全地帯であり、快適地帯なのです。

　簡単な実験をしてみましょう。両手の指を組んでみてください。どちらの手の親指が上になっているでしょうか。今度は逆側の手の親指を上にして組んでみてください。どうでしょう？　できないことはないけれど、違和感があるのではないでしょうか。

　コンフォートゾーンから離れるとはこういうことです。新しい世界に入るには、非常に不快で違和感があるものなのです。それでも古いスタイルを変えようと思うのなら、自覚的にやらなくてはいけません。まだ習熟されていないのでうまくいかないことも多いでしょうが、今までとはパターンも変えなければいけません。

そういう新しいスタイルをものにするために必要なことが三つあります。

一つ目はニーズがあること。たとえば、酒飲みが断酒をするというのは、それなりに健康上の理由があるからでしょう。

二つ目は具体的なスキルや方法を持っていること。それがないと実現できません。

三つ目は勇気です。やはり勇気がないとやり遂げることはできないのです。

コンフォートゾーンから脱却して新しいコンフォートゾーンに到達するまでには、過渡的に深い違和感のある世界をさまよわなければなりません。それはリスクです。そんなリスクを負うのが嫌なので、多くの人は現状に甘んじてしまうわけです。

アドラーはこう言っています。

「誰かが始めなければならない。他の人が協力的ではないとしても、それはあなたに

は関係がない。私の助言はこうだ。あなたが始めるべきだ。他の人が協力的であるかどうかなど考えることなく」（『人生の意味の心理学 下』）

社長の自己変革なくして組織変革は遂げられない――これがアドラーからのメッセージです。社長自身が安全地帯にいて「お前らが変われ」と言っても、変わるはずはないのです。組織を変えるには、社長が率先することが絶対に必要です。

その社長の姿勢が変革のモデルにならなくてはいけません。自ら率先して変わろうとする社長の背中を見た社員たちは、それに共感し、指図をしなくても自分たちで考えて変わっていきます。たとえば、就業時間が八時半からだとしても七時半に出勤するようになるのです。社長が毎日十時ぐらいに来て、社員に「早くから来いよ」と言っても誰もそんなことはやりません。企業文化には言語化されたものもありますが、社長がその言語化されたものを自ら実践して見せたときに迫力が出てきます。やはり大事なのは言行一致です。そこがずれていると、社員は誰も社長に共感しません。そんな会社は遅かれ早かれ淘汰されてしまいます。

第四章

協　力
（コーポレーション）

今までお伝えしてきた「尊敬（リスペクト）」「信頼（トラスト）」「共感（エンパシー）」があることは「協力」のために必須の要件です。

この章ではまず、経営者はスタッフを協力に向けて結合し、一種の化学変化を起こす仕掛け人であることが書かれています。さらに、その協力の方向は、「何のために」に答える目的に叶った理念が原点となっているのです。

第二に、上司が部下に対してワン・オン・ワン（一対一）のコミュニケーションを図ることが最近のブームになりつつありますが、私は大胆な提案をしています。部下の面接を受け、謙虚にフィードバック――ネガティブな側面も含めて――を受けることのお勧めです。このような面接を行うと、経営者自身の棚卸しになり、自己成長にとても役立ちます。副産物としてお互いの信頼関係が増し、部下のモチベーションが高まります。

第三に、第一章で述べた内発的動機づけがどんな人にも有効であるかどうかについて私なりの見解を示しています。心理学者のアブラハム・マズロー――この事実はあまり知られていませんが、アドラーがニューヨークを拠点に活躍していた時期に彼に師事――の欲求段階説のそれぞれの段階に対して動機づけのスタイルが違うことを述べています。ただし、「勇気づけ」は、どの欲求段階にも欠かせないマインドであることを伝えています。

第四に、「原因追求型のＷＨＹ」は、人間の意思を伴う行動に関しては望ましくない結果をもたらしやすいことを紹介しつつも、協力的な態度をもとにして原状回復、再発防止について共に考えてみようという動機に基づく「協力のＷＨＹ」は、好ましい効果をもたらすことがあることを書いています。

第五に、人間関係に協力を生み出すためには、感謝が欠かせないこと、そして、感謝には独特の効用があることをある実験結果をもとに紹介しています。

最後に、再び動機づけに話を戻して、動機づけはミッションから始まることでこの章を終えます。

なお、続いて「まとめ」がありますが、この内容は予告しないでおきたいです。この部分について先入観なしで一気に読んでいただきたいからです。「あとがき」の前の重要なパートです。

経営者はスタッフを結合し、化学変化を起こす仕掛け人

「人生の課題に直面し成功する人は、あたかも人生の根本的な意味は、他者への関心と協力であるということを十分に自発的に認めているかのようにふるまう。そのような人が行うことはすべて、仲間への関心によって導かれているように見える」（『人生の意味の心理学 上』）とアドラーが言うように、協力は単独で成り立つものではありません。今までお話ししてきた尊敬（リスペクト）・信頼（トラスト）・共感（エンパシー）に支えられたものだと思います。

協力という字を見てください。これは非常にうまくできていて、三つの力を足して一つの大きな力にする、と書きます。この三つの力はそれぞれ別の力です。先に桃太郎の話をしました。桃太郎は雉と猿と犬という異質なものを組み合わせて鬼ヶ島の鬼退治に向かいました。お互いを結びつけるためにキビ団子を持っていきました。協力

には、お互いの間に尊敬と信頼と共感が欠かせません。それが三位一体となったときに成り立つものです。ですから、協力は単なる寄せ集めチームではありません。

第二章で綱引きの話をしましたが、ただ、みんな一丸となってやろうというのでは真の協力にはならないということを改めて言いたいのです。経営者はスタッフがうまく結合する触媒役、あるいは接着剤になればいいのです。それによって化学変化を起こす仕掛け人が社長の役割だと思います。

歳をとると連想力が高まります。外にあるものと内にあるものをつなぐ力が強まって、昔の記憶と今の最先端のものをどうつなげたらいいかが非常に鮮明にわかってきます。

「連結ピンの集団組織」という古い経営理論があります。これはアメリカの組織心理学者レンシス・リッカートという人が一九六〇年代後半に唱えた理論です。まず、ご説明しましょう。

経営層の一角に部長がいます。部長は課を束ねています。部長の下には課長がいま

連結ピンの集団組織

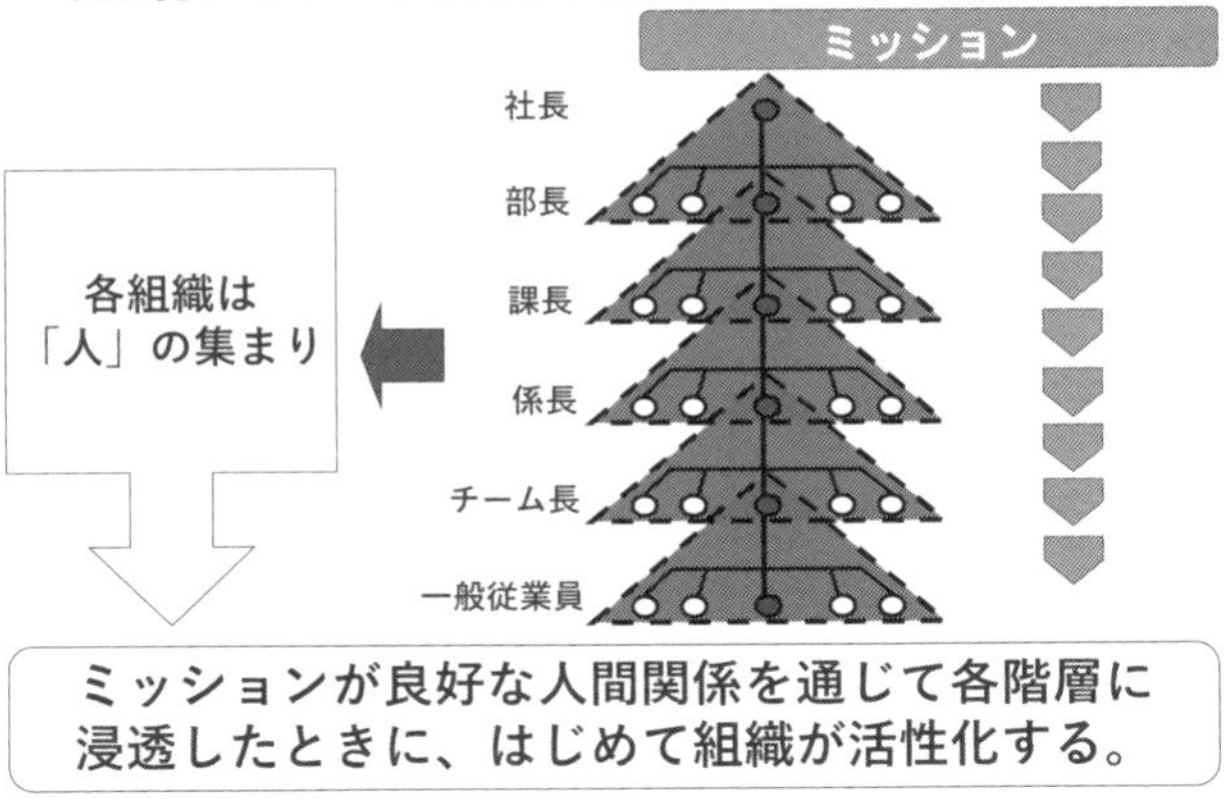

＊アメリカの組織心理学者 R.リッカートの「連結ピン」の機能をもとに

す。課長は係を束ねています。課長の下には係長がいて、グループを束ねています。その下にいるグループ長は一般従業員を束ねています。つまり、会社というのは上から下までが連結ピンでつながっているようなものなのです。

そして、この連結ピンの役割をしているのが会社の理念やミッションです。会社は理念やミッションという連結ピンのもとにつながっているわけです。それゆえ、たとえば自分の会社のミッションをわが部門で実現するにはどうしたらいいのか、わが課においてはどうなのか、わが係においてはどうなのか、わが小グループにおいてはどうなのか……というふうにして、上から下まで連なった形で下りていかないと、一貫性を保つことはできないのです。

ある会社のお手伝いをしていたことがあります。その会社は、社長の理念が非常にしっかりしていました。高卒の創業者でしたが、自分なりに会社をつくって一部上場まで仕上げました。その会社では「受注優先」という言葉を盛んに使っていました。上から下まで、みんなが受注優先、受注優先と言っていました。

しかし私は「それはおかしいのではないですか」と疑問を投げかけました。社長が受注優先と言うのはわかります。しかし、その言葉が下りていくときには、それが具体的に何を意味しているのか、それぞれの立場で置き換えて考える必要があると思ったのです。

たとえば、お客様と直接向き合う営業担当の人にとっての受注優先とはなんなのか。それがちゃんと伝わるように、たとえば「お客様の困っていることをすべて解決しましょう」という言葉に置き換えなければいけない。そういうふうに翻訳をしないと、一般社員は「受注優先と言うけれど具体的に何をすればいいのだろう」と迷ってしまいます。だから、それぞれの部署で理念やミッションが理解できるように、言葉の言い換えをする必要があるわけです。

社長の結合力も同じです。これは人の結合力を持つということと同時に、理念やミッションをもとにした結合力を生み出すということだと思います。そういう結合する力を経営者自身が組織に向かって絶えず発信しなければいけないのです。

経営理念はずっと変わらなくても、年度方針や部門方針は変わってもかまわないのです。つまり、一貫する経営理念に対して、今年は何をテーマとしてどう取り組むかという具体的な方策は変わってもいいのです。

一つの理念やミッションに向かって結合する力をつくるために、経営者は表現を変えながら常に社員に訴えていかなければなりません。そのためには、まず経営者が強烈な理念を持たなければならないのです。それが協力の原点になります。

何を持って生まれたかではなく、与えられたものをどう使いこなすか

シュンペーターがイノベーションとは「新結合」だと言ったことはすでに述べた通りです。すべてのイノベーションは新結合なのです。

たとえば、トヨタ生産方式を完成させたのは大野耐一さんですが、彼がそれをどこから着想したかというと、アメリカのスーパーを見たことがきっかけでした。タイムリーに仕入れて在庫を少なくして売るという一連の流れを見て、それを生産に置き換えたのがトヨタ生産方式です。つまり、トヨタの製造ノウハウとスーパーの流通ノウハウを結びつけたところから新結合＝イノベーションが生まれたわけです。

また、イノベーションは創造的破壊と同時にやらなければいけません。従来の路線でやっている限り、それは過去の延長線にすぎず、未来を探るような方法にはなりません。それでは何も変わらないのです。かつて松下幸之助さんは「三％のコストダウ

ンよりも、三〇％のコストダウンのほうが容易である」と言いました。これが意味するところは、従来とはまるで違う発想をしようということです。

私がそれを目の当たりにしたのはＧＥの合弁会社であるエアコンメーカーでの体験です。ＧＥは、それまで鉄を加工してつくっていたエアコンをプラスチック製に変えました。これはＧＥの発明した大変革で、大変なコストダウンにつながりました。イノベーションとは、こんなふうに素材そのものをガラリと変えてしまうようなことを言います。それは新しい生産方法の導入であり、新しい生産物または新しい品質の創出と実現です。

「いくら郵便馬車を列ねても、それによって新しい鉄道を得ることはできない」というシュンペーターの有名な言葉があります。六頭立ての馬車が郵便を運んでいたところに二頭を加えて八頭立てにしたらどれだけ早くなるかと言えば、あまり変わりません。しかし、鉄道を敷いて列車を走らせて郵便を運ぶようになると、想像できないくらい早くなりますし、飛行機を飛ばして運ぶようになるとさらに早くなります。

このように、馬の数を増やすというような過去の延長線で考えるのではなく、過去を振り切って全く新しい創造をしてしまうのがイノベーションなのです。

そう考えると、社員と社員をくっつけるのもイノベーションだし、極端なことを言うと事業統合も含めて他社を吸収して事業スタイルを変えるのもイノベーションです。新たな創造をするために現状の破壊をすることだからです。具体的な企業名を挙げるなら、ＫＡＤＯＫＡＷＡ、凸版印刷、旭化成、富士フイルムなどはイノベーションによって事業スタイルが大きく変わっています。

破壊がないと従来のものに頼ってしまうから新しい創造ができません。だから、絶えず創造的破壊をやっていく必要があるのです。アドラーは**「重要なことは、人が何を持って生まれたかではなく、与えられたものをどう使いこなすかである」**（“The Individual Psychology of Alfred Adler”（『アルフレッド・アドラーの個人心理学』、アルフレッド・アドラー著、ハインツ＆ロウェナ・アンスバッハー編、本邦未邦訳））と言っています。自社の中には多くのリソースがあるのに、それを使いこなせないでいる経営者が多いのです。それを掘り起こして他のものと結合させる。そこにイノベーションが起こるということなのです。

「パラリンピックの父」と呼ばれるルードウィッヒ・グットマン博士は「**失われたものを数えるな。残されたものを最大限に活かせ**」と言っていますが、これはまさにアドラーと同じことを言っています。

困ったときは十のアイデアを出せ

あるものを使うという考え方は社員についても同じです。社員の能力が物足りないと愚痴を言う社長が多いのですが、ないものねだりばかりしてもしかたありません。それよりも、今いる社員の中に眠っている優れた資質を引き出すことに努めるべきです。そういう努力をしようとしないのは、会社にとっても社員にとっても不幸な話です。要は、社長が一人ひとりの可能性を知らなさすぎるのです。

一人ひとりの社員が現在に至るまでの背景を丁寧に聴いていくと、それぞれ大変なリソースを持っていることに気づきます。人・金・物・情報・ノウハウという経営上のリソースの他に、知識・経験・挫折を含めた失敗体験も含めて役立つリソースがあるはずです。そういう潜在化しているリソースを掘り起こして顕在化し、それをどことつなごうかと考えると、その人の使い道がいろいろ出てきます。一つの会社という枠内だけで考えていると見えない部分もありますが、他の会社の立場に身を置いて考えていくと、さらに可能性が膨らんでいきます。

ロバート・シュラーというアメリカの牧師がいます。この人は自己啓発書をたくさん書いていますが、その中で「**困ったときは十のアイデアを出せ**」と言っています。私はこの言葉に学びました。中小企業の経営者は資金繰りに苦労します。私もそうでした。かつてわが社が存亡の危機にあったとき、私はシュラーのメソッドを試してみました。制限を設けずに自分の強みを十個捻り出していく中で問題解決の糸口が見つかりました。

具体的に数を出すと必ずそこから見えてくるものがあるのです。十個というのがミソです。これが三つとか四つだと、ありきたりのわかりきった内容で終わってしまいます。ところが、十とか二十になると簡単に出てきません。そこで集中して考えているうちに、思ってもみなかったアイデアが潜在ニーズから引き出せるのです。

このとき自分の立場で考えるだけでなく、他者の力を借りれば、さらに思いがけないアイデアが出てくるでしょう。自分自身の強みは自分しか見ていないけれど、家族だったらどう言ってくれるか、上司ならどうか、先輩ならどうか、仲間だったら、後輩だったら、部下はどうか、お客さんはどうか……というふうに広げていくと、強みがどんどん拡大していきます。これは自分を多面的に見るということにもつながります。

こうした見方が経営者には必要です。そのために、困ったら自分の強みを他の立場から照らし合わせてみるのです。

強みこそが会社を成長させる力になります。ところが、一貫して言えることは、自社あるいは社員の弱みをフォーカスする経営者が多すぎるということです。「ここが問題だ。ここがどうも足りないな」とネガティブな指摘ばかりをする。これでは可能性が広がるどころか、逆に狭まってしまいます。

本来、社員の良いところを見つけるのは経営者自身も楽しいはずです。社員が生き生きするのを見れば嬉しいはずです。人の可能性を開発することはとても楽しいことなのです。

フィードバックを受ける力と、フィードバックを求める力

先にもお話ししましたが、私はこれからの経営者にはフィードバックを受ける力が求められると思います。そのために経営者にお勧めしたいのが部下の面接を受けることです。部下を一人ひとり呼んで、「君から見て僕はどう見えるかな？」と聴いてみるのです。部下の弱みをフォーカスする暇があるのなら、経営者こそ自分の弱みに触

れてもらいたいと思うのです。

たとえば、「僕の問題だと思うところ、やりにくいところ、そういうのを率直に教えてくれないか」と尋ねてみます。そして、部下から言われたことをメモに取りながら、「あ、そうか、そういうこと言ってくれたか」「もうちょっとない？　少し遠慮してない？」「今まだ三つだけれども、せめて五つぐらい言ってほしいな」と謙虚に聞いていきます。そのうえで、「ありがとう。君が僕の上司だったら、この五つについてどんなふうに指導したいと思う？」と尋ねると、いろいろ言ってくれると思います。

そのあとで、「ついでに長所も三つ言ってくれない？」と聞くと、自分にいろんな長所があることもわかります。「あ、そうか。それは嬉しいことだな」と感謝して「じゃあ、この強みとこの弱みを克服して僕にできることはなんだと思う？　君が僕の上司だとしたら、僕を部下としてどんなふうに扱ったらいいだろう？　こういうふうにしたいとかないかな？」と言ってみる。そこでいいアイデアが出てきたら、「それ、やってみようよ」というふうにすればいいわけです。これがフィードバックを受けるということです。

なかなか部下に面接を受ける経営者はいないと思います。しかし、実際にやってみると、そこには自分を見直す発見がたくさんあるはずです。

私が研修業界に入るときに、非常に大きな影響を受けた研修があります。その研修で「あなたの改善すべきところを聞いてきなさい」という宿題が出ました。家族のいる人は妻に、部下のいる人は部下に、自分の改善点を聞いてきなさいというわけです。そのときの条件は、「何を言われても反論はしてはいけないし、言い訳もしないで、とにかく聞いてくる」というものでした。

これは簡単なようで、なかなか難しい宿題でした。信頼していれば聞けます。私はバツイチですが、前妻にはとうとう聞けませんでした。嵐のように批判されることがわかっていたからです。でも、今の妻になら聞けます。「僕の改善すべき点、教えてくれない？」と言ったらすぐに答えてくれます。

この宿題から学んだことは、経営者にはフィードバックを受ける力だけではなく、自分からフィードバックを求める力が必要だということです。

たとえば、商品在庫というのは一年に一回棚卸しをして、在庫が陳腐化していないかどうか、流通に耐えうるかどうかをチェックします。それと同じように、経営者自身も一年に一度、棚卸しが必要です。部下に意見を求める棚卸し、妻の意見を求める棚卸し、さらに先輩経営者でも友人でもいいから、自分から求めて棚卸しの機会を持つ。勇気はいりますが、しっかり聴いて実践すると経営者としても成長できます。

現実には、せっかく勇気を出そうとしている社員を一所懸命叩く経営者が多すぎます。自分の地位が脅かされるんじゃないかと考えるのです。人間には妬みの構造があるので、出る杭は叩いておきたいのです。しかし、それでは部下は成長しません。考え方を転換して、「出る杭は打て」ではなくて「もっと突き抜けた杭にせよ」と言えるようになってもらいたいのです。経営者は社員が成長していくことを楽しみにしなくてはいけません。

ネガティブなフィードバックを歓迎する上司は必ず成長する

私の母校である早稲田大学で田中愛治《あいじ》総長のリーダーシップのもと大変革が始まりつつあります。今やろうとしているのは、「教授の後継者は他大学の出身者でもいいから自分より優秀な人を呼べ」「自分を追い抜くような人にしろ」ということです。私が早稲田にいた頃は、週刊誌で「学生一流、校舎二流、教授三流」と揶揄され、八六％が早稲田大学出身の教授でした。今は五割を割りつつあります。理事ですらやっと五割強です。

それと同じように、会社でも上司が自分を追い抜く力のある人を部下にして、学ぶことが必要です。そうすれば、いつでもバトンタッチができます。実力のある部下にバトンタッチした上司は、また違う方向で貢献するようになればいいと思うのです。

それに近いことをやっているのが、アメーバブログを運営しているサイバーエージェントという会社です。サイバーエージェントは、社員にどんどん会社をつくらせています。失敗する会社もあれば、うまくいく会社もありますが、「失敗したヤツほど伸びる」と言っています。つまり、サイバーエージェントでは自社を成長させるために、失敗にお金をつぎ込んでいるわけです。経営者にはそのくらいの度量が必要だと思います。

これは資金的に難しい場合もあるでしょうが、私が言いたいのは、小さな失敗ぐらいいいいじゃないかという姿勢を経営者が持つことが大事だということです。その意味では、最近、社員の兼業・副業を認める会社が出てきましたが、これは面白い動きだと思います。日本を変える可能性があります。社員に兼業・副業を許すのは会社にとって不利益のように見えますが、そこで培った経験を本業に活かせば、むしろ利益につながることのほうが多いのです。

たとえば広島県福山市では、ビズリーチと組んで兼業・副業限定で戦略顧問募集をし、応募してきた人を福山市のブレーンとして市が抱える課題の分析・抽出と事業の立案・実施を担ってもらっています。副業として、ちゃんと謝礼を払っています。民間のやり方を真似て組織内改革を目指しているのです。

今の北海道知事は東京都の職員だったときに夕張市に派遣されて、市の再生を図りました。それが評価されて夕張市長になり、道知事にまでなりました。思い切って異質の体験をしたことによって本人が成長したのです。

私自身もそんな体験をしています。今でも覚えていますが、サラリーマンになった当初、二週間缶詰めになって研修を受けました。工場実習でした。そのとき、ある現場の係長がこう言いました。

「君たちは大学を卒業してこの会社に入ったけれども、僕は高卒だ。だけど、君たちに期待したいことがある。それは、工場の現場実習をやって『ここが問題だ』と思ったら、それを全部書いて報告してくれ」

私は製造業を営む家庭で育ち、中小企業診断士の勉強をしていましたから、現場のことには詳しくて、「ここがどうだ、ああだ、こうだ」といろんな指摘をしました。

すると、係長は非常に喜んでくれました。その方はやがて工場の総務課課長になり、部長になり、常務になりました。

私がいた会社はＧＥとトヨタグループと三井物産の合弁会社で、トヨタグループはデンソーが主軸でした。在籍していたときに経営者がＧＥグループの出身者からデンソーの戸田憲吾さんという方に代わりました。この戸田さんはのちにデンソーに戻って社長・会長になった方です。

戸田さんは社長になったときに課長全員を対象に「この会社の問題点、将来こういうことをしたほうがいいという提言を僕にくれ。どこかを経由させることはない。僕にダイレクトにくれ」と言いました。

販売会社の営業課長だった私は「この会社は経理部がやたら権力を握っていて営業が委縮している。こんなことを許してよいのでしょうか」と書いて提出しました。そうしたら、いきなり呼ばれて「君、良いことを書いてくれた。君が書いたことを実現する気はないか」と言われました。「ないことはないですが……」と答えると、「今度、企画室をつくるから、そこで君の力を発揮してほしい。ただ、まだ内緒にしておいてくれよ。人事はあとだから」と言われました。蓋を開けてみたら、私は総合企画室長兼経理部長の配下の課長に任じられました。私が批判していた人が上司になってしまったのです。

ここで大事なことは、戸田さんがネガティブな意見でも大歓迎する社長だったということです。しかも、自分がやるのではなくて、「君がそう言うならやってくれよ」という姿勢ですべて任せてくれました。これには本当にびっくりしました。

こうした体験から学んだことは、部下にポジティブなフィードバックをする上司、部下からのネガティブなフィードバックを歓迎する上司は必ず成長するし、出世して会社を成長させるということです。

普通は逆でしょう。多くの会社では上司が部下にネガティブなフィードバックをします。それから、部下からは耳当たりのよい言葉だけを受けようとします。これでは本人も成長しませんし、会社もおかしくなってしまうのです。

「何を求めているか」でモチベーションを上げる方法は違ってくる

第一章で、動機づけには内発的動機づけと外発的動機づけがあるという話をしました。そこでは内発的動機づけの意義と方法について説明しましたが、内発的動機づけがすべていいかというと、必ずしもそうとは言えないのです。

アブラハム・マズローの有名な欲求段階説によれば、人間の基本的欲求は低次から高次に行くことになっています。そして、上に行くほど満足度が高い。つまり、生理的欲求が満たされて初めて安全・安定の欲求に入り、それが満たされると所属・社会的欲求に入る。さらにそれが満たされると承認・尊厳の欲求に入り、それを超えると自己実現欲求になるとマズローは言っています。欲求にはこのような段階があるというわけです。

ダニエル・ピンクという弁護士出身のアメリカの作家が『モチベーション3・0』

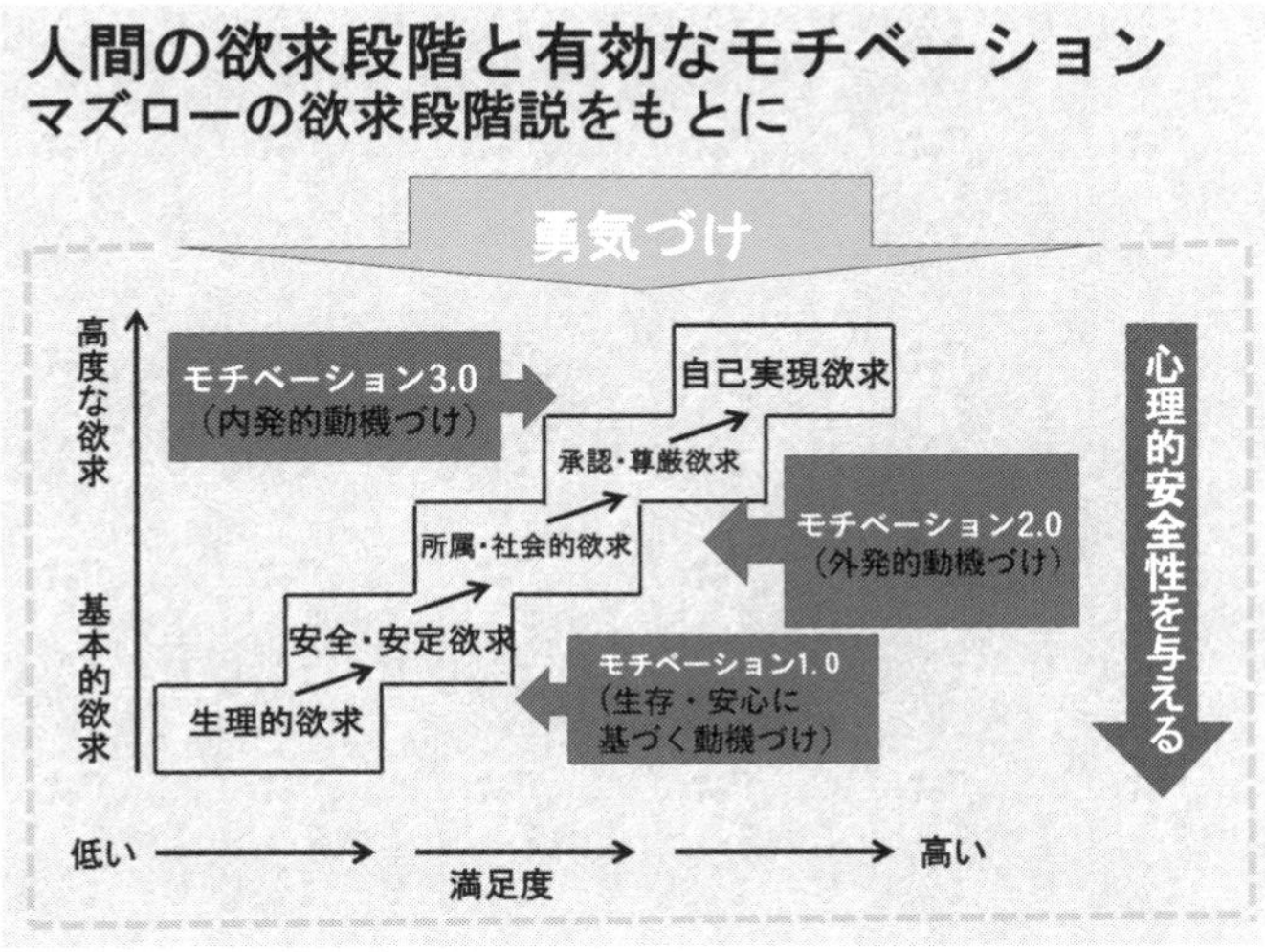

という本を書いています。その考え方にマズローの段階説を合わせると、〈モチベーション1・0〉とは生存の欲求に基づく動機づけで、「食えないならば食わすことが必要だ」という段階です。戦後間もなくの時期には、自己実現どころではありませんでした。どうやって生き延びるかが重大問題でした。「食わせること」が何よりも必要だったのです。

ところが、生存の欲求が満たされてだんだん豊かになっていった昭和三十年代、四十年代は、安全・安定の欲求に移行していきます。それが進むと所属・社会的欲求が生まれますが、この段階では外発的動機づけ、つまりアメとムチによって「目標を達成したならば、それなりの給料をあげます。達成できなければダメです」というモチベーションが必要になります。これが〈モチベーション2・0〉の世界です。

それを超えて、平成の時代のようにより高次な段階に入ると、承認・尊厳の欲求から自己実現欲求の世界に入っていきます。自己実現欲求というのは、自分で実現したい、達成したいという思いが非常に強くなるので、他者からの称賛はあまり必要としません。これが〈モチベーション3・0〉で、内発的動機づけの時代になるわけです。

内発的動機づけというのは、「自律的でありたい」「有能でありたい、成長・進歩したい」「周囲の人と温かい人間関係を持っていたい」「集中して時間を忘れるような体験をしたい」といったようなものです。組織の構成員がとにかく生活するために働かなくてはいけないという場合は、それなりのモチベーション、それなりの報酬で、規律を持って賞罰することが必要ですが、〈モチベーション3・0〉になると褒め言葉を言わなくても、自分で勝手にやり始めるわけです。

しかし、グーグルが二〇一二年に始めた「プロジェクトアリストテレス」という労働改革プロジェクトで調査した結果、人間は常に心理的安定性を求めていることが明らかになりました。それにプラスして私は、雰囲気として「勇気づけ」が必要であることを付け加えておきたいと思います。言葉多く勇気づける必要はないけれど、雰囲気として勇気づけの風土が必要であるというのです。

だから、〈モチベーション3・0〉あるいは自己実現欲求の時代に移行しても、すべてが自律によって動くわけではありません。そういう層も確かにあるけれど、そうではない階層もいることを認めなければいけません。今日の日本を見ても、「とにかく食わなければならない」「結婚できるだけのお金が必要だ」というモチベーションの人たちがたくさんいます。あるいは、腰かけ程度のつもりで会社に入った人に自己実現の素晴らしさをかざしても、「そんなことより私は定時に帰りたい」ということもあるわけです。

だから、なんでもかんでも内発的動機づけがいいわけではない。相手が何を求めているかによって、アメとムチが必要なこともあるし、勇気づけが必要になる場合もあるということです。

原因追及のＷＨＹではなく、協力のＷＨＹを使う

ＷＨＹという問いは、現象・出来事がなぜそうなったのかを究明していくために役立ちます。そういうときは、ＷＨＹを使って原因の究明をすればいいのです。「なぜこんな現象が起きたんだろう」「なぜこんなふうに壊れてしまったんだろう」というような人間の意思に関係ないような出来事についてはＷＨＹを使うのは問題ありません。

たとえば、二〇一九年は台風が各地に大きな被害をもたらしました。特徴的だったのは東日本への上陸です。千葉県や長野県は甚大な被害に遭いました。あの大型台風はなぜ起きたのか、なぜ河川の決壊があちこちで起こったのか、その原因を究明する

ためにはWHYが必要です。

ところが、ある人が特定の行動を選んで失敗したときにWHYを使って原因を追及するのは非常に問題があります。人間の行動は、必ずしも同じメカニズムで起きているわけではないからです。そこには必ず「こうしたい」という未来志向の意思や意図が介在します。ある目的を実現するのための手段として人間は行動しているのです。その結果として、失敗することもあるわけですが、そのときに「なぜ失敗したのか」と言われても正確に答えようがありません。

ある心理学者は、WHYという質問に対して正しく答える割合は五割を切ると言っています。つまり、答えの中に半分以上の嘘が混じるというのです。また、WHYという問いを三回繰り返すと、それは人格否定につながります。「なぜそんなことをやったんだ」「なぜ確認しなかったんだ」「なぜ失敗するんだ」「なんなんだ、お前は」というように立て続けに言われると、相手は心を閉ざしてしまいます。当然のことながら人間関係は悪くなります。

だから、現象や出来事を究明するためのＷＨＹは有益なのですが、人間の意図・意思がある行動についてＷＨＹによって原因追及をするのはあまり好ましいとは言えないのです。

ただし、協力のＷＨＹはあっていいと思います。たとえば、部下が上司に「ちょっと相談があるんですけれど……、実はこういうしくじりをしましたと申告してきたとします。私はそういうときにまず「よくぞ言ってくれた」「よく具合の悪いことを報告してくれましたね」と、ミスを報告してくれたことに感謝します。

そして、事情を聴いたあと、「そもそもこれはあなただけで処理してもいいことなんだけれど、わざわざ僕に言ってきたというのにはどういう意図があったのかな？なぜなんだろう？」と尋ねます。ここでＷＨＹを使うわけです。

これは相手に話をさせて、原状回復と再発防止の方法について一緒に考えてみようという協力のＷＨＹです。これだと相手も前向きになれます。協力・結合の力として「なんのために」「なぜ」こういうことをしてくれたのかと尋ねる。これは相手をより近づけるＷＨＹです。

ところが、否定的な失敗話やしくじり話にＷＨＹをつけて「なんで失敗したんだ」と言うと人格否定につながり、相手を離反させる。これは相手との距離を遠ざけるＷＨＹです。

私はＷＨＹをゼロにしろとは言いません。ただ、ＷＨＹを使うならば「一緒に何ができるだろうか」「僕がお手伝いできることはどんなことだろう」という前向きな行動につながる協力のＷＨＹにしてもらいたいと思うのです。

社員の一人ひとりが、どうユニークなのかを見極める

協力するためには違いを認めることです。人間は一人ひとりユニークな存在です。ユニークには「珍しい」という意味がありますが、「個性的」という意味もあります。リンゲルマンの綱引き実験のところでも言いましたが、私はユニークを「かけがえが

ない」と訳しました。「かけがえがない」ということは、「取り換え不能」であるということ。パーツではないのです。このことを意識づけしたいのです。

経営者は社員の一人ひとりが、どうユニークなのかを見極めればいいのです。先ほどの「人おこし」もそうですが、その人を徹底的に多面的に見ていくと必ずユニークさが出てきます。それを認めることが、人間関係において協力を生む秘訣です。

一人ひとりのユニークさを認めるとは、「それぞれがかけがえのない存在で、よりによって選んでこの会社に来てくれた人だ」と見ることです。経営者の理念がしっかりしていれば、そういうユニークな人をうまく束ねることもできるはずです。

感謝の見逃し三振はしてはいけない

協力的な組織をつくるために絶対に欠かせないものとして「感謝」と「ヨイ出し」があると私は考えています。そこで、この二つについてお話ししたいと思います。

感謝の効用に関して、こういう説があります。これは『ハーバードの人生を変える授業』（タル・ベン・シャハー著／大和書房）に出ている話で、心理学者のロバート・エモンズとマイケル・マッカローの行った実験結果です。

まず被験者を二つのグループに分けます。そして、一方のグループには毎日眠る前に感謝したことを五つ書かせ、もう一方のグループは何もさせませんでした。これを追跡調査した結果どうなったかというと、感謝を五つ書いたグループは人生をより肯定的に評価できるようになり、幸福感が高くなってポジティブな気分を味わえるようになりました。さらに、よく眠れるようになり、より多く運動をするようになり、身体的な不調も減りました。他方、何もしなかったグループには何の変化も見られませんでした。これはちゃんとデータが出ています。明らかに感謝の効用です。

私は、一日をオセロゲームのように考えてみるといいのではないかと言っています。たとえば朝から不機嫌で、夜も「ああ、今日は一日辛かったな」と言って寝たとすると、それは黒と黒で一日を挟むようなものですから、たとえ昼間に何かいいことがあったとしてもその一日はすべて真っ黒になります。

これとは反対に、朝、「ああ、爽快な朝だ」と起きて鏡に向かってほほ笑み、夜は「ああ、今日もいい一日だった」と感謝をして床につけば、白と白で一日を挟むので、すべてが真っ白になります。たとえ昼間に嫌なことがあっても肯定できるのです。

一日だけでなく、一週間でも一か月でも一年でも一生でも同じだと思います。祝福とともに目覚め、感謝とともに眠る。こういう人生を送れば、生活スタイルが肯定的になります。そうなると個人も変わるし、組織も変わります。

今の組織を見ていると、あまりにもダメ出しが多すぎます。**ダメ出しは、社員を協力ではなく、離反に向かわせます。**さらに言うと、競争で他人を蹴飛ばしてもかまわないということになってしまいます。そういう点で、私が勇気づけとして言っているのは、「良い点を見ようじゃないか」ということです。それが「ヨイ出し」ということです。

「ダメ出し」は『広辞苑』に載っていますが、「ヨイ出し」は載っていません。これは日本人の特性を表しているようで興味深いのですが、その発想を大転換する必要があると思います。

それから**「感謝の見逃し三振はしてはいけない」**とも言っています。感謝すべき場面で感謝していないことが多いと思うのです。感謝を口に出すのは恥ずかしいとか、言わなくてもわかっているだろうという気持ちがあるのでしょう。しかし、特に経営者は変な自尊心は捨てて、とにかくボールが来たら振ることです。「ありがとう。助かったよ」と感謝を口に出すことを惜しんではいけません。

ダメ出しは得意でも、良いところを指摘する訓練をしていないので、最初は慣れないと思います。そういうときは「今まではみんなの悪いところを指摘していたが、これからは良いところを指摘するようにする」と事前告知して始めればいいでしょう。そして、やり始めたらそれを貫くことです。

社長が感謝し、ヨイ出しをする習慣を身につけると、それは間違いなく社内に良い影響を与えます。感謝とヨイ出しで組織は必ず変わります。すぐに変わるとは言いません。変わるまでには時差がありますが、続けていれば確実に組織に活力が湧いてきます。

もう亡くなられましたが、高円宮様《たかまどのみや》という皇族がおられました。あの方は江戸文化を非常に大事にされていて、テレビで「殿下のお仕事は何ですか」と聞かれて、「伝統工芸、伝統芸能、日本に伝統的に伝わっているものの良い点を褒めることが私の仕事です」と言っていました。褒めることが伝統を伸ばし、継承させるために必要だと言うのです。皇族が「そこが駄目です」と言ったら国民から嫌われるに違いないから、自分は良いところを見て歩く、それが務めなのだというようなことを言われていました。

この考え方から現代の経営を見ると、現場を回りながら「ここが駄目だ、あそこが駄目だ」というような視察をする社長が多すぎます。せっかく現場を回るのなら、「それもいいけれど、ちょっと君、これ凄いね。どういう工夫をしてこういうことをしたの?」というように、**良いところを見つけて褒めながら歩け**、と言いたいのです。

もしも問題点が見つかっても、個人を追及するのではなく、あとで「ちょっとこれ、気がかりだったけど、どうなのかな」と管轄している役員に言えばいいのです。

ところが、多くの社長は「誰だ、こんなことやったのは」「なんで、こんなことに気がつかないんだ。君か！」「君、今後はこうしたまえ」と、直接指示してしまいます。それを最もやったのが、西武鉄道の堤義明さんです。この人はプリンスホテルの経営者でもありましたが、土産店に行って「ここが悪い、あそこが悪い」と指摘してレイアウトを変えさせました。それで非常に評判が悪くなってしまいました。

経営者の仕事はヨイとこ探しです。それを労って、「よくやっているね」と声をかける。それを組織の伝統として残すことが大事です。

前の天皇・皇后両陛下は、国家元首に相当する方たちとしては例外的に庶民に跪《ひざまず》きました。カナダの私の恩師がそれを見て驚いていました。エリザベス女王は絶対に庶民に跪かない。ところが、日本の天皇・皇后両陛下は被災地を巡って、罹災者たちの前に正座されて「辛い思いをされましたね」とお言葉をかけられました。その姿を映像で見た恩師は、「なんだ、これは！　日本の天皇・皇后両陛下は庶民に対して正座するのか」と驚いたのです。

上に立つ人というのは、いつも謙虚さを伴いながら、相手の辛いところを慰め、良いところを褒めるようでなければいけません。それが長としてのあり方です。そこがわからないで、あそこが悪い、ここが悪いとダメ出しばかりすると、下の人は委縮して上の顔色ばかり窺うようになります。

だから上の人はヨイ出しを自らモデルになってやって見せることが大切なのです。それがリーダーシップを発揮するということです。

ダメな点を指摘するのも大事ですが、まず良い点に目を向けてヨイ出しをしていく。

アドラーは「**喜びは自分を他者と結びつける情動である。悲しみは他者を引き離す**」（『性格の心理学』）と言っていますが、ヨイ出しはこの言葉とも結びつくと思います。

国も会社も人も、あらゆるものはミッションから始まる

社長が口で言っていることと実際にやっていることが違うと、それは必ず社員の間に伝わり、疑心暗鬼のもとになります。だから社長にとって大事なのは、心に引っ掛かるものが何もないということです。公私混同をして「いつかばれたら」というような気持ちが少しでもあってはいけないのです。

私は「志」ということをよく言います。志というのは「心の示す方向」であるとともに、「心の物差し」だと思います。心の物差しに諮《はか》って、「やるべきことはやる、やってはならないことはやらない」と徹することが大事なのです。公私混同はしないと決めたら絶対にしない。そういう強い姿勢が、特に上に立つ人には求められます。

いろいろな人が使っている言葉ですが、4SIONsという言い方があります。四つのション、つまり、ミッション（MISSION）、ビジョン（VISION）、デシジョン

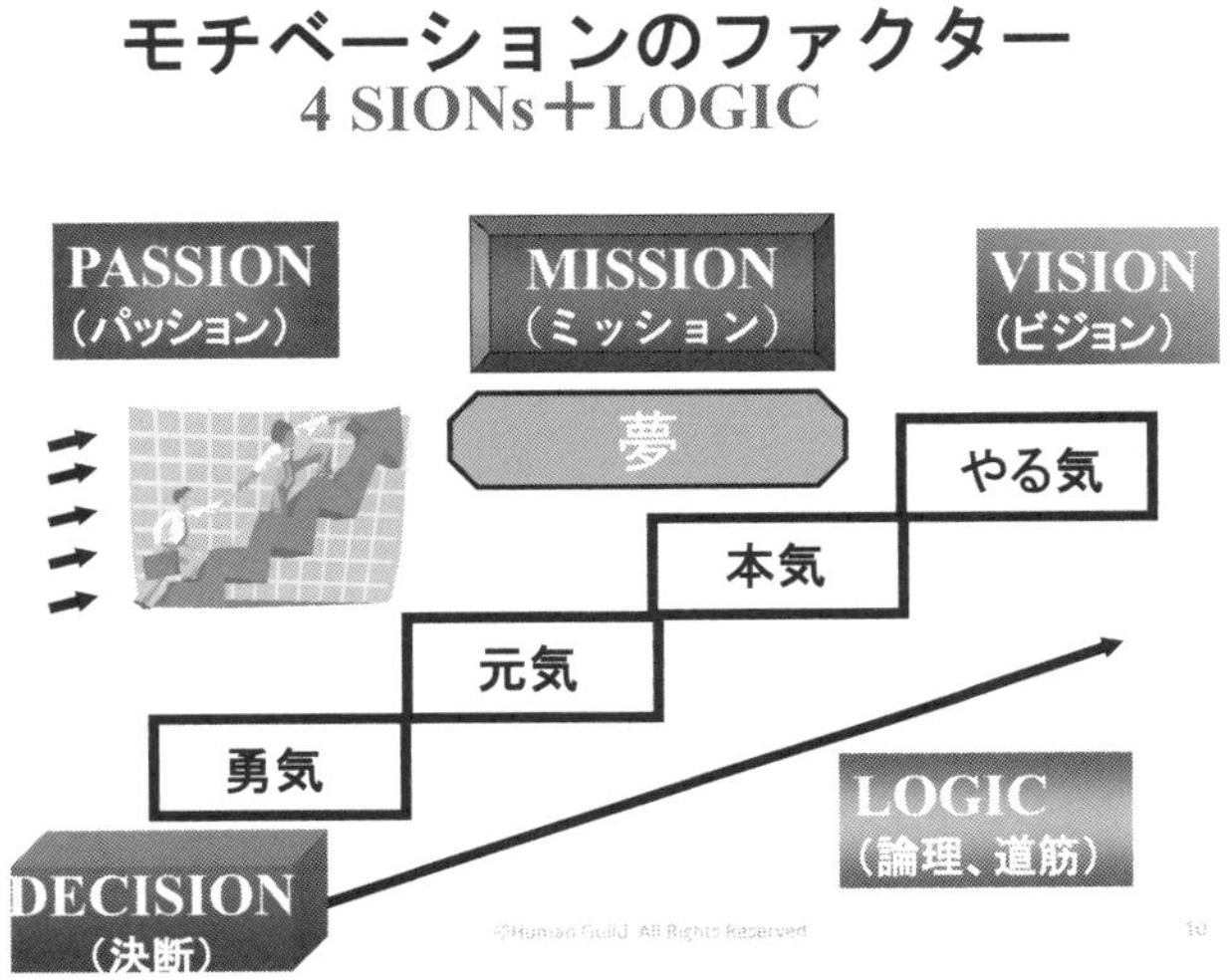

（DECISION）、パッション（PASSION）を指します。

ミッションとは「なんのためにこの事業をやっているのか」ということ

ビジョンとは「どういう方向に経営をリードしようとしているのか」ということ

デシジョンとは「四の五の言わずにこれをやると決める」ということ

パッションとは「自分がこの会社にどういう熱い想いを持っているか」ということ

この四つのションにLOGIC（論理と道筋）をプラスすることによってモチベーションを高めることができます。つまり、勇気・元気・本気・やる気が出てくるのです。これは社長自身が持っているだけでなく、全員で共有するものです。

その意味で、まず重視したいのはミッションとビジョンです。経営者（上司）が社員（部下）に対して「なんのためにこの会社を設立したのか」「どういうミッションを帯びて、人々に何を提供しているのか」「何をもって記憶されたいのか」といった問いかけを絶えず行い、その答えを日々確認する。そうすると、「どういう形で実現したいのか、どんな形でありたいのか」ということが具体的に視覚・聴覚・身体感覚として感じられるようになります。つまり、ミッションがビジョンとして具体化するのです。

次に大事なのは、デシジョンです。不決断の罪、つまり決断しないよりは誤った決断のほうがいいとよく言われます。決断しないと何も始まらないので、誤った決断でもスタートを切ることが大事なのです。スタートを切って不都合が見つかれば軌道修正もできます。そういう点で、誤った決断でも軌道修正できる限りは間違いではないというのがデシジョンの前提になります。

それからパッションですが、今の日本人にはとにかくパッションが足りません。ファーストリテイリングの柳井正さんが『日経ビジネス』誌上で「このままでは日本は滅びる」と警鐘を鳴らしました。あまりにも同一集団で、この三十年の間に一つも成長していないし、稼げる人が一人もいないじゃないか、と。それでいて「日本が最高だ」みたいな言い方をする。そこには謙虚さがないし、何よりもチャレンジ精神がないと憂いているのです。

官僚の公文書の偽造や書類の廃棄問題に象徴されるように、今は上の顔色を窺って無難に事を済まそうとする人があまりにも多いように思います。そこには「この国をなんとか良くしよう」という熱く滾《たぎ》るような想いが微塵も感じられません。柳井さんが「このままでは日本は滅びる」と嘆くのもうなずけます。

このようなことになるのは、ミッションがはっきりしていないからです。あらゆるものがミッションから始まります。令和の日本のミッションはなんなのか、あるいは自分の会社のミッションはなんなのか、そこに立ち返る必要があると思います。この4SIONs＋LOGICを語りながら内発的動機を高めていくことが、国でも会社でも成長の鍵になるのです。

アドラーは次のように言っています。

「人生の課題はすべてそれが解決されるためには、協力する能力を必要とするのである。あらゆる課題は、人間社会の枠組みの中で、人間の幸福を促進する仕方で克服されなければならない。人生の意味は貢献である、と理解する人だけが、勇気と成功の好機を持って、困難に対処することができる」（『人生の意味の心理学 上』）

「われわれが現代の文化において享受しているすべての利点は、貢献してきた人の努力によって可能にされたのである。もしも人が協力的でなかったら、他者に関心を持たなかったら、全体に貢献してこなかったら、人の人生は不毛であり、跡形もなく地球から消え失せてしまっていただろう」（『人生の意味の心理学 下』）

一人ひとりが自分には何ができるかを考え、互いに協力して課題に取り組むことによって、いつの時代も切り拓かれてきたのです。そして、課題の解決のために協力し、貢献できる人間をつくっていくことが、会社であれば経営者の役割であり、国であれば教育の役割なのだと思います。そのためにも、一刻も早く恐怖の支配をやめ、尊敬・信頼・共感・協力のもとで各人がそれぞれの能力を発揮できる環境をつくらなければなりません。

まとめ

生産性を高めるためには、人間性を復活させよう

最初に令和になった効果が出るのはオリンピックを経て数年後だろうという話をしました。令和の時代にわれわれは日本国の構成員として新たなミッションを持たなければならないと思います。それは日本が世界のモデルになることだと私は考えています。

たとえば天皇制です。日本の天皇制は世界に類がありません。そういう点からも、一つのモデル足り得ると思います。天皇制の論議をすると批判的な人もいますが、考えてみると天皇家というのは、国民一人ひとりの実家のようなものだと思うのです。

国民統合の象徴と言いますが、まさに天皇家が実家であるから国民を統合する力を持っていると見てもいいでしょう。国民統合の象徴であるという点で、求心力を持っているのです。

ミッションとは、このような求心力を持つものでなければなりません。そのミッションという求心力に向けて、まさにパッションを持って参加しなければならないのです。このミッションとパッションはどちらが欠けても成り立ちません。

4SIONsとLOGICは成長のためにはすべて必要なのですが、その中でモチベーションのファクターとして強く残るのはパッションという熱い想いです。幕末期にもそんなパッションがあったと思います。

当時はまだ日本国という概念はありませんでした。日本という概念は、一八五三年のペルー来航以来固まったものです。だから、本当の変革は一八五三年から始まっていて、それが日本国を生み出したわけです。そのときと同じように、もう一回、令和にふさわしい日本国が求められているように思います。

今の日本人は勇気欠乏症です。滾《たぎ》るような想いが失われてしまったのはなぜなのでしょうか。私は次のように考えています。

失われた三十年と言われますが、そのスタートは一九八九年ぐらいです。日本の名目GDPはこの当時から全く伸びていません。それまで日本は世界の中で一人あたりGDPがナンバーワンでした。他のいろんな統計をとっても日本は最強国でした。

ところが、昭和が終わり、平成になると、日本は下降し始めます。それはなぜなのか。経済思想で言うと、新自由主義的な発想が原因になりました。中曽根内閣の時代から、ミルトン・フリードマンというアメリカの新自由主義的な経済政策、小さな政府という考え方を採用するようになりました。そこまではよかったのですが、バブル崩壊後の企業が新自由主義の象徴ともいえる成果主義の導入を始めました。その結果、生産性と人間性という立場で言うと、徹底的に人間性が無視・軽視されて、生産性のほうにシフトチェンジしていきました。これが日本の転落の端緒となったと思います。

生産性と人間性は車の両輪です。それなのに、あまりにも生産性が重視され、人間性が軽視されました。本当は生産性を高めるためにも人間性が求められるのですが、生産性という片側の車輪だけで走るような形にシフトしたことによって、非常におかしいことになってしまいました。

私が言いたいのは「生産性を高めるためには、人間性を復活させましょう」ということです。生産性は短期間で成果を求めるものですが、人間性は長期的視野で育てなければなりません。今の日本にはこの長期的視野が失われています。今、日本の一人当たりの教育費はＯＥＣＤ主要国で最低です。しっかりとした人間教育をしないまま生産性ばかり求めているのです。

競争を煽って、結果を出すために恐怖を使って脅してでも動かそうとする。こういうさもしい発想がかえって生産性を低め、同時に人間性を埋没させているのではないでしょうか。生産性を向上させるためには人間性をより豊かにして、競争ではなく協力し合うことが大切です。結果だけではなく、プロセスを大事にする必要があります。そのためにも尊敬・信頼に基づいてモチベーションを高めることです。それによって生産性に良い影響を与えることができるのです。

こうした見直しをする意味でも、ミッションとパッションを取り戻すことが求められているのです。

異質な個性のぶつかり合い（異床同夢）が会社力を高める

明治維新を開いたのは二十代後半の人たちでした。彼らは一人ひとり立場も考え方も違っていましたが、同じ夢を見ていたのだと思います。これを表現するために、私は二十五年前に「異床同夢」という四字熟語を作りました。「同床異夢」というのは同じバックグラウンドの中で違った夢やビジョンや考え方を持つことですが、「異床同夢」はバックグラウンドも考え方も立場も違うけれど、その違いを認めながら同じ夢を見て、目指すべき方向やビジョンを共有し合える関係を築いていくことです。そして、この夢を統一するのがミッションの力です。

このままでは日本が滅びる。外国の植民地になってしまう。そんな危機感を共有した若者たちが明治維新を成し遂げたのです。今も同じです。同床異夢の時代ではなく、異床同夢の時代が来ていると思います。

今は自分と違う人を排斥しようとする同調圧力が強まっています。しかし、みんな同じという同質社会から感動も変革も生まれません。感動や変革は異質な体験から生まれるものだからです。自分が高められていくのも異質な個性とぶつかり合うからです。だから、一人ひとりは違っていていいのです。それぞれ違った考えを持つ人たちが一つのミッションのもと同じ夢を見て力を尽くすから成長できる。これは国も会社も変わりありません。

決まりきった一つの枠の中でギブアンドテイクしていても何も生まれません。自分が学んだことを持って外へ広がっていくことが大事なのです。そうすれば異質な体験を得る機会にも恵まれますし、新たな感動も生まれてきます。これから明らかになる令和維新も、この異床同夢から始まると私は信じています。

最後に、私からみなさんへの「勇気づけ」としてアドラーのこの言葉を贈ります。

「私たちは自分で人生を作っていかなければならない。それは、私たち自身の課題であり、それを行うことができる。私たちは自分自身の行動の主人である。何か新しいことがなされなければならない、あるいは、何か古いことの代わりを見つけなければならないのであれば、私たち自身にしかできない」（『人生の意味の心理学 上』）

あとがき

この本の出版のいきさつ

二十万人以上を対象にした研修／講演とカウンセリングを行ってきた私であることは、この本の帯や私のプロフィールでご存じでしょうが、その中でも私の企業研修の最大の対象者は管理者です。

講師を担当していて、それなりの充実感はあるのですが、特に大企業の管理者層の研修をいくらやってもやっても企業風土の変化が起きないことをもどかしく思っていました。研修を受けてからしばらくは、それまでの勇気をくじく風土を何とかしたいと思っていても、従来の風土と違った勇気づけのリーダーシップがいつの間にか旧来の風土を克服できないまま埋没してしまうケースが見られるからです。

また、中小企業診断士の私の資格を生かしたマネジメント・カウンセリングを行っても、個人的に「とても勉強になりました」という言葉が伝わってきても、数度のカウンセリングだけでは、組織を変える原動力にならないケースを見てきました。それは、経営者自身にしっかりとした指針が確立しきれない点があったからです。

そこで、今までに四冊ほど管理者向けのリーダーシップの本を書いていた私は、致知出版社という「人間学」で多くの経営者層と接点のある出版社とのご縁で初めて「経営者のためのアドラー心理学」の本を上梓することができました。

幸い私は月刊誌『致知』の発刊から八割ほどの期間、この雑誌の購読者であり、営業部の松澤広幸課長のお力添えで書籍編集部の小森俊司次長とのご縁を賜りました。そして、私の想いを切々と訴えると、五日ほどで、社内調整の後、藤尾秀昭社長の後押しでの出版のGOサインが出ました。その時、飛び上がるほどうれしかったことを記憶しています。

さらには、二〇一九年の『致知』九月号でのドラッカー学会共同代表の佐藤等先生との「アドラーとドラッカーに学ぶ人間学」の対談（藤尾允泰編集長の司会）に発展しました。そして、半年少しでこうして私の夢がかたちになったのです。

私は致知出版社の方々に心からの感謝を表明します。

この本に込めた私の想い

私は、栃木県のある中小企業経営者の息子です。ピーク時は、三百五十人ほどの従業員を抱え、地元ではそこそこ知られた建具のメーカーでした。

子どもの頃、父は高額所得者で「岩井の家は大臣さん（いわゆる金持ち）でいいな」と散々言われていました。学生服でもカシミヤの仕立物を当然のように着ていました。お手伝いさんもいました。家は十六部屋もあって、知名人の書画骨董がふんだんにあり、五人の子どもには個室がありました。

また、当時は社長宅といっても、業界団体の長、取引先や弁護士や税理士とは自宅で打ち合わせをするのが習わしで、子どもの頃から社長の父を見ながら育った私は、ＮＨＫ交響楽団のクラシック音楽の演奏をテレビで観ていると、風呂上がりの父が「いいなあ。こんなふうに従業員が足並みを揃えて動いてくれたら」と何度か言っていた姿を覚えています。今から思えば、父は経営に何かしらのもどかしさを感じていたのでしょう。

私が大学一年生の二月、父の会社は倒産しました。地方紙の第一面にも載った大型倒産でした。債権者や従業員が自宅に押し寄せ、銀行に抵当に入れていた物件は家族とは縁が切れる姿を目の当たりにしました。さらには大学二年生の学資に困る状況に接して経営破たんの悲惨さを痛いほど味わいました。

生活が一変したのです。一日に三つのアルバイトをこなしていたこともあります。幸い父の会社は、二年もしないうちに再建したのですが、ほどなく人手に渡ってしまいました。リタイア後の父は、急に老け込んでしまいました。従業員の幸せを願う経営こそが父の生きがいだったのかもしれません。

私には中小企業の経営を何とかしなければ、という思いが強まり、大学の卒業論文は中小企業の経営について書き、同時期に中小企業診断士の勉強を開始しました。中小企業の経営こそが私の原点だったのです。アドラー心理学の普及をしながらも原点意識は底流にありました。ただ、アドラー心理学に浸りきると、その想いは薄らいでいました。

そのうちふと気づいたのは、アドラー心理学は「人間学」そのものの心理学だということです。経営だけでなく学校や家庭などさまざまな現場・現実にとてもマッチしていました。アドラー心理学は「人間知の心理学」と呼ばれるように、理論のための理論でなく、あくまで生身の人間を対象とした実践の学なのです。空理空論とは無縁です。どこかに忘れていたような思いがここ数年のうちに私の中に再燃しました。経営者に必要な人間学と、この本の章を構成するアドラー心理学の示す価値観――「尊敬（リスペクト）」「信頼（トラスト）」「共感（エンパシー）」「協力（コーポレーション）」

――と理論を構成する目的論（「人間の行動には目的がある」との考え）などや、経営者のみならず従業員一人ひとりや組織に欠かせない「勇気づけ」をドッキングさせれば、経営者に重要な指針を与えることができるとひらめいたのです。こうして世の中に問うのがこの『経営者を育てるアドラーの教え』です。

編集を担当された小森さんは、私から「これでもか、これでもか」と言ってもいいほどの知恵を引き出してくれました。今まで管理者のために書いてきていた内容とはかなり深さが違います。この本が経営者の人間学に貢献できるものがあるとすれば、それは小森さんの執念のお陰です。

最後に、この本が経営者に勇気と自信を与え、信念を強化し、自己変革を通して組織変革につながる原動力になれば幸いです。

二〇二〇年一月三〇日

岩井俊憲

【参考文献】

『性格の心理学』アルフレッド・アドラー・著／岸見一郎・訳（アルテ）
『個人心理学講義』アルフレッド・アドラー・著／岸見一郎・訳（アルテ）
『生きるために大切なこと』アルフレッド・アドラー・著／桜田直美・訳（方丈社）
『人生の意味の心理学 上』アルフレッド・アドラー・著／岸見一郎・訳（アルテ）
『人生の意味の心理学 下』アルフレッド・アドラー・著／岸見一郎・訳（アルテ）
『生きる意味を求めて』アルフレッド・アドラー・著／岸見一郎・訳（アルテ）
『どうすれば幸福になれるか 下』W・B・ウルフ・著／仁保真佐子・訳／岩井俊憲・監訳（一光社）
『The Individual Psychology of Alfred Adler』アルフレッド・アドラー・著／ハインツ&ロゥエナ・アンスバッハー編（Basic Books）
『Adlerian Counseling and Psychotherapy Second Edition』ドン・ディンクメイヤー・ドン・ディンクメイヤー・ジュニア・レン・スペリー・著（Merril）
『経済発展の理論』J・A・シュムペーター・著／塩野谷祐一・東畑精一・中山伊知郎・訳（岩波文庫）
『ドラッカー名言集2 現代の経営』ピーター・F・ドラッカー・著／上田惇生・訳（ダイ

ヤモンド社）
『未来企業―生き残る組織の条件』ピーター・F・ドラッカー・著／上田惇生・田代正美・佐々木実智男・訳（ダイヤモンド社）
『マネジメント［エッセンシャル版］』ピーター・F・ドラッカー・著／上田惇生・訳（ダイヤモンド社）
『ハーバードの人生を変える授業』タル・ベン・シャハー・著／成瀬まゆみ・訳（だいわ文庫）
『モチベーション３・０』ダニエル・ピンク・著／大前研一・訳（講談社＋α文庫）
『日経ビジネス』２０１９年10月４日号（日経ＢＰ）

〈著者略歴〉

岩井俊憲（いわい・としのり）

昭和22年栃木県生まれ。45年早稲田大学卒。外資系企業（GE社の合弁会社）に入社して翌年、受験者最年少の23歳で中小企業診断士試験に合格。26歳で販売会社のセールス・マネジャー、28歳で本社の総合企画室課長（30歳で人事課長も兼務）に抜擢された。しかし、企業の業績不振に加え、GE社の日本撤収に伴い、従業員半減のリストラ策を立案・断行。自らも辞意を決し、同時に仕事、家族、財産の三つを失う。その後、13社からのオファーを蹴って、二間のマンションでゼロからの再出発を誓い、知人の紹介で不登校支援の塾を手伝うように。その傍ら、日本では当時ほとんど知られていなかったアドラー心理学との出逢いを果たし、3年のうちにアドラー心理学指導者資格を取得。1985年、アドラー心理学の普及などを目的にヒューマン・ギルドを設立。船井総研の船井幸雄氏から「勇気づけの本物の伝道師」として称賛されるなど、アドラー心理学を日本に広めた第一人者として、経営者層からの支持も厚い。40年近くの経営者体験に加え、カウンセリングやコンサルティングにも従事。アドラー心理学をベースとした研修や講演ではこれまで20万人以上、40年間にも及ぶ。著書は『人を育てるアドラー心理学』（青春出版社）、『みんな違う。それでも、チームで仕事を進めるために大切なこと』（ディスカヴァー・トゥエンティワン）など66冊を超え、120万部に達する。本書は、経営者を対象としたアドラー心理学の初の著書として好評を博している。2021年4月から2023年3月までハリウッド大学院大学客員教授を務めた。

ヒューマン・ギルドのホームページ：https://www.hgld.co.jp
岩井俊憲のブログ：https://blog.goo.ne.jp/iwai-humanguild/
YouTube：「アドラー心理学専門チャンネル」
https://www.youtube.com/channel/UCFSDEPGZ4kUu2a0EsTtWwmA/

経営者を育てるアドラーの教え

令和二年二月二十五日第一刷発行
令和五年六月二十日第二刷発行

著者 岩井俊憲
発行者 藤尾秀昭
発行所 致知出版社
〒150-0001 東京都渋谷区神宮前四の二十四の九
TEL(〇三)三七九六—二一一一
印刷・製本 中央精版印刷
落丁・乱丁はお取替え致します。 (検印廃止)

ISBN978-4-8009-1226-8 C0034
ホームページ https://www.chichi.co.jp
Eメール books@chichi.co.jp